biblio Théâtre lycée

Phèdre

JEAN RACINE

Notes, questionnaires et dossier
Anne AUTIQUET,
agrégée de Lettres classiques.

Sommaire

❶ | ## Avant de lire l'œuvre

▮ L'essentiel sur l'auteur 4
▮ Fiche de lecture 6

❷ | ## *Phèdre* (texte intégral)

▮ **Préface** 11

ACTE I

▮ **Scène 1** 17
Questionnaire : Une scène d'exposition 26
▮ **Scène 2** 29
▮ **Scène 3** 29
Questionnaire : « *Une flamme si noire* » 40
▮ **Scène 4** 43
▮ **Scène 5** 44

ACTE II

▮ **Scène 1** 47
▮ **Scène 2** 51
▮ **Scène 3** 56
▮ **Scène 4** 57
▮ **Scène 5** 57
Questionnaire : « *Connais donc Phèdre et toute sa fureur* » 65
▮ **Scène 6** 68

ACTE III

▮ **Scène 1** 71
▮ **Scène 2** 75
▮ **Scène 3** 75
▮ **Scène 4** 79

ISBN : 978-2-01-394985-9
© Hachette Livre, 2018, 58 rue Jean Bleuzen, CS 70007, 92178 Vanves Cedex.
www.hachette-education.com
Tous droits de traduction, de reproduction et d'adaptation réservés pour tous pays.

▶ Scène 5 80
▶ Scène 6 83

ACTE IV

▶ Scène 1 85
▶ Scène 2 87
Questionnaire : « *Fuis, traître* » 93
▶ Scène 3 96
▶ Scène 4 96
▶ Scène 5 98
▶ Scène 6 99

ACTE V

▶ Scène 1 105
▶ Scène 2 108
▶ Scène 3 109
▶ Scène 4 110
▶ Scène 5 111
▶ Scène 6 112
Questionnaire : Le récit de Théramène 119
▶ Scène 7 122

❸ Dossier Bibliolycée

▶ Structure de l'œuvre 126
▶ Racine, le prince des Classiques 129
▶ Louis XIV et la monarchie absolue 133
▶ Sources et réception de l'œuvre 139
▶ Un modèle de tragédie classique 143
▶ Étude des personnages 149
▶ Portfolio 155
▶ Prolongements 166

❹ Dossier Spécial bac

▶ Sujets d'écrit 170
▶ Sujets d'oral 181

Dossier du professeur téléchargeable gratuitement sur :
www.biblio-hachette.com

L'ESSENTIEL SUR L'AUTEUR

JEAN RACINE
(1639-1699)

▶ Élève des jansénistes de Port-Royal, Racine reçoit une formation classique (français, latin, grec) et une éducation religieuse qui vont l'influencer.

▶ Protégé par le roi Louis XIV, il compose des tragédies à sujet antique qui rencontrent un grand succès à la Cour.

▶ Avec *Phèdre*, il s'affirme comme le représentant de la doctrine du classicisme.

Racine par Jean-François de Troy.

ŒUVRES-CLÉS

- *Andromaque* (1667), tragédie à sujet grec, avec sa maîtresse Thérèse Du Parc dans le rôle-titre.
- *Les Plaideurs* (1668), sa seule comédie.
- *Britannicus* (1669), tragédie à sujet romain.
- *Bérénice* (1670), tragédie à sujet romain, avec sa maîtresse Marie Desmares, dite « la Champmeslé », dans le rôle-titre.
- *Bajazet* (1672), tragédie à sujet turc.
- *Iphigénie* (1674), tragédie à sujet grec.
- *Phèdre* (1677), tragédie à sujet grec, qui remporte un vif succès, suivi d'une cabale célèbre.
- *Esther* (1689), tragédie biblique.
- *Athalie* (1691), autre tragédie biblique.

Racine en 10 dates

1649 Orphelin très tôt, recueilli par sa grand-mère, devient élève aux Petites Écoles de Port-Royal. Y étudie la culture classique chez ses maîtres jansénistes. Puis entre au collège de Beauvais et au collège d'Harcourt à Paris.

1659 S'installe à Paris. Début de son ascension sociale et littéraire. Se lie avec La Fontaine, Boileau et Molière. Écrit des *Odes* à la louange de Louis XIV qui le pensionnera.

1664 Première tragédie, *La Thébaïde ou les Frères ennemis*, mise en scène par Molière.

1666 Se brouille avec ses maîtres jansénistes de Port-Royal, qui réprouvent le théâtre, et ne se réconciliera qu'en 1685.

1667 Triomphe d'*Andromaque* et début des succès littéraires.

1672 Est élu à l'Académie française.

1677 *Phèdre et Hippolyte* (rebaptisée *Phèdre* en 1687) est créée à l'Hôtel de Bourgogne. Une cabale puissante mais vaine est menée contre la pièce.
Se marie avec Catherine de Romanet, dont il aura 7 enfants. Arrête le théâtre. Est nommé historiographe du roi.

1688 Retour au théâtre pour des pièces bibliques commandées par Mme de Maintenon et jouées par les « demoiselles de Saint-Cyr ».

1690 Est anobli et nommé gentilhomme ordinaire de la Chambre du roi.

1699 Décède le 21 avril, à Paris. Selon ses dernières volontés et avec l'accord de Louis XIV, est inhumé à Port-Royal.

FICHE DE LECTURE

Phèdre

Première représentation : 1er janvier 1677, sous le titre *Phèdre et Hippolyte*

Genre : tragédie

Registres dominants : tragique, pathétique, épique.

Mouvement littéraire : classicisme

Illustration de Girodet pour l'édition des *Œuvres* de Racine chez Didot l'Aîné (1801-1805).

PRÉSENTATION

Quand Racine présente *Phèdre et Hippolyte* en 1677, sa tragédie, concurrencée par une œuvre identique de Pradon, déclenche une violente cabale. Mais sa pièce, devenue *Phèdre* en 1687, triomphe durablement.

Racine renouvelle une légende mise en scène par le tragédien grec Euripide et l'auteur latin Sénèque. Dans la Grèce mythologique, Phèdre, jeune épouse de Thésée, éprouve une passion cachée et désespérée pour son beau-fils Hippolyte, qui aime en secret la princesse Aricie. Mais l'annonce de la mort de Thésée, puis celle de son retour précipitent l'action tragique.

Œuvre maîtresse de Racine, *Phèdre* est la tragédie classique la plus lue de nos jours, tant pour sa langue poétique et sa composition remarquable que pour la lutte désespérée de ses personnages contre leur destin. De grands metteurs en scène et d'illustres comédiens l'ont interprétée.

THÈMES TRAITÉS

▶ Mythologie et fatalité

Un passé haineux et une fatalité lient les personnages. Phèdre est la fille de Minos et de Pasiphaé. Elle est aussi la sœur d'Ariane, qui par amour aida Thésée à tuer le Minotaure, fils de leur mère Pasiphaé et d'un taureau envoyé par Poséidon pour se venger de Minos. Elle est, enfin, la petite-fille d'Hélios, le dieu-Soleil, qui provoqua la colère de Vénus en révélant

AVANT DE LIRE L'ŒUVRE

ses amours avec Arès. Phèdre et Hippolyte sont donc les victimes d'une tragédie familiale accomplie par une vengeance divine.

▶ La passion tragique

Marquée par l'interdit de l'adultère et de l'inceste, la passion de Phèdre est coupable, irrépressible, et vouée à l'échec car elle n'est pas partagée. Dans *Phèdre,* aveux arrachés et silences éloquents constituent l'essentiel de l'action tragique.

▶ La question du pouvoir

Après l'annonce de la mort de Thésée, 4 personnes peuvent briguer le trône d'Athènes : Hippolyte, fils de Thésée et d'Antiope ; Aricie, dont Thésée a exterminé la famille ; et Démophon et Acamas, les fils de Phèdre. L'union désirée par Phèdre avec Hippolyte et celle que celui-ci souhaite avec Aricie auraient donc des conséquences politiques. Le retour de Thésée suspend ces projets.

POUR COMPRENDRE L'ŒUVRE

▶ L'influence janséniste

Ses maîtres de Port-Royal ont marqué Racine par leur doctrine religieuse pessimiste – le jansénisme – axée sur la prédestination de certains hommes au salut éternel. On peut lire, dans *Phèdre,* cette vision désespérée : l'héroïne appelle « *crime* » sa passion coupable et se considère comme un « *monstre* », tout en se disant impuissante devant la vengeance fatale de Vénus.

LES CRITIQUES

« Phèdre *est une tragédie classique, je veux bien, mais Dieu qu'elle est étrange, formaliste et d'une violence méchante.* »
  Jean Gillibert interviewé par Colette Godard, Le Monde, 30 juillet 1980.

« *Jouer* Phèdre, *c'est imposer le plus grand envoûtement verbal de toute la littérature dramatique et donner en spectacle le plus parfait exemple de la pensée et du génie français…* »
  Silvia Monfort, *in* « Les mises en scène possibles de la passion dans *Phèdre* », *Phèdre*, Ellipses, 2016.

« À la Renaissance : Sarah Bernhardt dans *Phèdre* »,
lithographie d'Henri de Toulouse-Lautrec (1893).

JEAN RACINE

Phèdre

Racine faisant la lecture à Louis XIV, gravure de Charon.

Préface

Voici encore une tragédie dont le sujet est pris d'Euripide[1]. Quoique j'aie suivi une route un peu différente de celle de cet auteur pour la conduite de l'action, je n'ai pas laissé[2] d'enrichir ma pièce de tout ce qui m'a paru le plus éclatant dans la sienne. Quand je ne lui devrais que la seule idée du caractère de Phèdre, je pourrais dire que je lui dois ce que j'ai peut-être mis de plus raisonnable sur le théâtre. Je ne suis point étonné que ce caractère ait eu un succès si heureux du temps d'Euripide, et qu'il ait encore si bien réussi dans notre siècle, puisqu'il a toutes les qualités qu'Aristote[3] demande dans le héros de la tragédie, et qui sont propres à exciter la compassion et la terreur. En effet, Phèdre n'est ni tout à fait coupable, ni tout à fait innocente. Elle est engagée, par sa destinée et par la colère des dieux[4], dans une passion illégitime, dont elle a horreur toute la première. Elle fait tous ses efforts pour la surmonter. Elle aime mieux se laisser mourir que de la déclarer à personne, et lorsqu'elle est forcée de la découvrir, elle en parle

---

Notes

1. Euripide : poète tragique grec (480-406 av. J.-C.).
2. je n'ai pas laissé : je n'ai pas manqué.
3. Aristote : philosophe grec du IVe s. av. J.-C. qui a défini, dans la *Poétique*, les sentiments que doit susciter une tragédie : la terreur et la pitié.
4. la colère des dieux : celle de Vénus, déesse de l'Amour.

avec une confusion qui fait bien voir que son crime est plutôt une punition des dieux qu'un mouvement de sa volonté.

20 J'ai même pris soin de la rendre un peu moins odieuse qu'elle n'est dans les tragédies des Anciens[1], où elle se résout d'elle-même à accuser Hippolyte. J'ai cru que la calomnie avait quelque chose de trop bas et de trop noir pour la mettre dans la bouche d'une princesse qui a d'ailleurs des sentiments si nobles

25 et si vertueux. Cette bassesse m'a paru plus convenable à une nourrice, qui pouvait avoir des inclinations plus serviles[2], et qui néanmoins n'entreprend cette fausse accusation que pour sauver la vie et l'honneur de sa maîtresse. Phèdre n'y donne les mains que parce qu'elle est dans une agitation d'esprit qui

30 la met hors d'elle-même, et elle vient un moment après dans le dessein de justifier l'innocence et de déclarer la vérité.

Hippolyte est accusé, dans Euripide et dans Sénèque, d'avoir en effet violé sa belle-mère : *Vim corpus tulit*[3]. Mais il n'est ici accusé que d'en avoir eu le dessein. J'ai voulu épargner à Thé-

35 sée une confusion qui l'aurait pu rendre moins agréable aux spectateurs.

Pour ce qui est du personnage d'Hippolyte, j'avais remarqué dans les Anciens qu'on reprochait à Euripide de l'avoir représenté comme un philosophe exempt de toute imperfection ; ce

40 qui faisait que la mort de ce jeune prince causait beaucoup plus d'indignation que de pitié. J'ai cru lui devoir donner quelque faiblesse qui le rendrait un peu coupable envers son père, sans pourtant lui rien ôter de cette grandeur d'âme avec laquelle il épargne l'honneur de Phèdre, et se laisse opprimer sans l'accu-

45 ser. J'appelle faiblesse la passion qu'il ressent malgré lui pour

---

Notes

1. **Anciens** : auteurs de tragédies antiques, en l'occurrence Euripide et le poète et philosophe latin Sénèque (4 av. J.-C.-65 ap. J.-C.), auteur d'une *Phèdre*.
2. **serviles** : propres à un esclave.

3. *Vim corpus tulit* : « *Mon corps a subi sa violence* », citation extraite de *Phèdre* de Sénèque.

Aricie, qui est la fille et la sœur des ennemis mortels de son père.

Cette Aricie n'est point un personnage de mon invention. Virgile[1] dit qu'Hippolyte l'épousa, et en eut un fils, après qu'Esculape[2] l'eut ressuscité. Et j'ai lu encore dans quelques auteurs qu'Hippolyte avait épousé et emmené en Italie une jeune Athénienne de grande naissance, qui s'appelait Aricie, et qui avait donné son nom à une petite ville d'Italie.

Je rapporte ces autorités, parce que je me suis très scrupuleusement attaché à suivre la fable[3]. J'ai même suivi l'histoire de Thésée, telle qu'elle est dans Plutarque[4].

C'est dans cet historien que j'ai trouvé que ce qui avait donné occasion de croire que Thésée fût descendu dans les Enfers pour enlever Proserpine[5] était un voyage que ce prince avait fait en Épire[6] vers la source de l'Achéron[7], chez un roi dont Pirithoüs[8] voulait enlever la femme, et qui arrêta[9] Thésée prisonnier, après avoir fait mourir Pirithoüs. Ainsi j'ai tâché de conserver la vraisemblance de l'histoire, sans rien perdre des ornements de la fable, qui fournit extrêmement à la poésie ; et le bruit de la mort de Thésée, fondé sur ce voyage fabuleux, donne lieu à Phèdre de faire une déclaration d'amour, qui devient une des principales causes de son malheur, et qu'elle n'aurait jamais osé faire tant qu'elle aurait cru que son mari était vivant.

Au reste, je n'ose encore assurer que cette pièce soit en effet la meilleure de mes tragédies. Je laisse aux lecteurs et au temps

---

Notes

1. Virgile : poète latin (70-19 av. J.-C.) ; voir l'*Énéide* (chant VII, v. 761-762).
2. Esculape : dieu de la Médecine chez les Romains.
3. la fable : le récit mythologique.
4. Plutarque : historien grec des Ier et IIe s. ap. J.-C.
5. Proserpine : épouse de Pluton, dieu des Morts.

6. Épire : région de la péninsule des Balkans où les Grecs anciens situaient les Enfers.
7. Achéron : fleuve d'Épire, l'un des quatre fleuves des Enfers.
8. Pirithoüs : ami et compagnon d'aventures de Thésée.
9. arrêta : retint.

à décider de son véritable prix. Ce que je puis assurer, c'est que je n'en ai point fait où la vertu soit plus mise en jour[1] que dans celle-ci. Les moindres fautes y sont sévèrement punies;
75 la seule pensée du crime y est regardée avec autant d'horreur que le crime même; les faiblesses de l'amour y passent pour de vraies faiblesses; les passions n'y sont présentées aux yeux que pour montrer tout le désordre dont elles sont cause; et le vice y est peint partout avec des couleurs qui en font connaître et
80 haïr la difformité. C'est là proprement le but que tout homme qui travaille pour le public doit se proposer, et c'est ce que les premiers poètes tragiques avaient en vue sur toute chose[2]. Leur théâtre était une école où la vertu n'était pas moins bien enseignée que dans les écoles des philosophes. Aussi Aris-
85 tote a bien voulu donner des règles du poème dramatique, et Socrate[3], le plus sage des philosophes, ne dédaignait pas de mettre la main aux tragédies d'Euripide. Il serait à souhaiter que nos ouvrages fussent aussi solides et aussi pleins d'utiles instructions que ceux de ces poètes. Ce serait peut-être un
90 moyen de réconcilier la tragédie avec quantité de personnes célèbres par leur piété et par leur doctrine[4], qui l'ont condamnée dans ces derniers temps, et qui en jugeraient sans doute plus favorablement, si les auteurs songeaient autant à instruire leurs spectateurs qu'à les divertir, et s'ils suivaient en cela la
95 véritable intention[5] de la tragédie.

Notes

1. **mise en jour** : mise en évidence.
2. **sur toute chose** : par-dessus tout.
3. **Socrate** : penseur grec (v. 470-399 av. J.-C.).

4. **doctrine** : savoir.
5. **intention** : finalité.

PERSONNAGES

THÉSÉE, fils d'Égée, roi d'Athènes.
PHÈDRE, femme de Thésée, fille de Minos et de Pasiphaé.
HIPPOLYTE, fils de Thésée et d'Antiope, reine des Amazones.
ARICIE, princesse du sang royal d'Athènes.
ŒNONE, nourrice et confidente de Phèdre.
THÉRAMÈNE, gouverneur d'Hippolyte.
ISMÈNE, confidente d'Aricie.
PANOPE, femme de la suite de Phèdre.
GARDES.

La scène est à Trézène, ville du Péloponnèse.

Thésée et le Minotaure,
amphore grecque vers 450 avant J.-C.

Acte I

SCÈNE 1

Hippolyte, Théramène

Hippolyte

1   Le dessein en est pris[1] : je pars, cher Théramène,
    Et quitte le séjour de l'aimable[2] Trézène[3].
    Dans le doute mortel dont je suis agité,
    Je commence à rougir de mon oisiveté.
5   Depuis plus de six mois éloigné de mon père,
    J'ignore le destin d'une tête[4] si chère ;
    J'ignore jusqu'aux lieux qui le peuvent cacher.

Théramène

    Et dans quels lieux, Seigneur, l'allez-vous donc chercher ?
    Déjà, pour satisfaire à votre juste crainte,
10 J'ai couru les deux mers[5] que sépare Corinthe ;
    J'ai demandé Thésée aux peuples de ces bords[6]

Notes

1. **le dessein en est pris** : la décision est prise.
2. **aimable** : agréable.
3. **Trézène** : port du Péloponnèse où Thésée était venu se reposer après le massacre des Pallantides, frères d'Aricie.
4. **tête** : personne.
5. **les deux mers** : la mer Ionienne et la mer Égée, séparées par l'isthme de Corinthe.
6. **bords** : rivages.

Où l'on voit l'Achéron[1] se perdre chez les morts.
J'ai visité l'Élide[2], et, laissant le Ténare[3],
Passé jusqu'à la mer qui vit tomber Icare[4].
15 Sur quel espoir nouveau, dans quels heureux climats,
Croyez-vous découvrir la trace de ses pas ?
Qui sait même, qui sait si le roi votre père
Veut que de son absence on sache le mystère ?
Et si, lorsqu'avec vous nous tremblons pour ses jours,
20 Tranquille, et nous cachant de nouvelles amours,
Ce héros n'attend point qu'une amante abusée[5]...

HIPPOLYTE

Cher Théramène, arrête, et respecte Thésée.
De ses jeunes erreurs[6] désormais revenu,
Par un indigne obstacle il n'est point retenu ;
25 Et fixant de ses vœux[7] l'inconstance fatale,
Phèdre depuis longtemps ne craint plus de rivale.
Enfin en le cherchant je suivrai mon devoir,
Et je fuirai ces lieux que je n'ose plus voir.

THÉRAMÈNE

Hé ! depuis quand, Seigneur, craignez-vous la présence
30 De ces paisibles lieux, si chers à votre enfance,
Et dont je vous ai vu préférer le séjour

Notes

1. Achéron : fleuve d'Épire dont le cours se prolonge dans les Enfers ; c'est l'un des quatre grands fleuves des Enfers.
2. Élide : région à l'ouest du Péloponnèse.
3. Ténare : cap au sud du Péloponnèse.
4. Il s'agit de la mer Égée où tomba Icare, fils de Dédale, l'architecte du Labyrinthe de Crète : il vola trop près du Soleil avec les ailes collées par de la cire qu'il avait

confectionnées avec son père pour fuir le Labyrinthe.
5. une amante abusée : une amoureuse trompée. Une *amante*, dans la langue classique, est une femme qui aime et qui est aimée.
6. jeunes erreurs : erreurs de jeunesse.
7. vœux : amours.

18 *Phèdre* de Jean Racine

Au tumulte pompeux d'Athène[1] et de la Cour ?
Quel péril, ou plutôt quel chagrin[2] vous en chasse ?

HIPPOLYTE

Cet heureux temps n'est plus. Tout a changé de face,
Depuis que sur ces bords les dieux ont envoyé
La fille de Minos et de Pasiphaé[3].

THÉRAMÈNE

J'entends[4] : de vos douleurs la cause m'est connue.
Phèdre ici vous chagrine, et blesse votre vue.
Dangereuse marâtre[5], à peine elle vous vit,
Que votre exil d'abord signala son crédit[6].
Mais sa haine sur vous autrefois attachée,
Ou s'est évanouie, ou s'est bien relâchée.
Et d'ailleurs quels périls vous peut faire courir
Une femme mourante et qui cherche à mourir ?
Phèdre, atteinte d'un mal qu'elle s'obstine à taire,
Lasse enfin d'elle-même et du jour qui l'éclaire,
Peut-elle contre vous former quelques desseins ?

HIPPOLYTE

Sa vaine inimitié n'est pas ce que je crains,
Hippolyte en partant fuit une autre ennemie :
Je fuis, je l'avouerai, cette jeune Aricie,
Reste d'un sang fatal conjuré contre nous[7].

Notes

1. Athène : sans *s*. Licence orthographique poétique qui permet d'élider le *e* final et d'éviter une syllabe pour préserver la mesure du vers. La vie de Cour évoquée par Théramène renvoie de manière anachronique à celle de Versailles.
2. chagrin : tourment, désespoir. Le sens actuel est affaibli.
3. la fille [...] Pasiphaé : périphrase qui désigne Phèdre.

4. J'entends : je comprends.
5. marâtre : belle-mère.
6. signala son crédit : montra l'influence qu'elle avait sur Thésée.
7. sang fatal conjuré contre nous : famille des Pallantides (fils de Pallas), frères d'Aricie, qui conspirèrent contre Thésée pour obtenir le trône d'Athènes et qui furent massacrés.

THÉRAMÈNE

Quoi ! vous-même, Seigneur, la persécutez-vous ?
Jamais l'aimable sœur des cruels Pallantides
Trempa-t-elle aux complots de ses frères perfides ?
55 Et devez-vous haïr ses innocents appas[1] ?

HIPPOLYTE

Si je la haïssais, je ne la fuirais pas.

THÉRAMÈNE

Seigneur, m'est-il permis d'expliquer votre fuite ?
Pourriez-vous n'être plus ce superbe[2] Hippolyte,
Implacable ennemi des amoureuses lois[3],
60 Et d'un joug[4] que Thésée a subi tant de fois ?
Vénus, par votre orgueil si longtemps méprisée,
Voudrait-elle à la fin justifier Thésée[5] ?
Et, vous mettant au rang du reste des mortels,
Vous a-t-elle forcé d'encenser ses autels[6] ?
65 Aimeriez-vous, Seigneur ?

HIPPOLYTE

                Ami, qu'oses-tu dire ?
Toi qui connais mon cœur depuis que je respire,
Des sentiments d'un cœur si fier[7], si dédaigneux,
Peux-tu me demander le désaveu honteux ?
C'est peu qu'avec son lait une mère amazone[8]
70 M'ait fait sucer encor[9] cet orgueil qui t'étonne[10] ;

1. **appas** : charmes, attraits.
2. **superbe** : orgueilleux.
3. **amoureuses lois** : lois de l'amour.
4. **un joug** : une domination (de l'amour).
5. **justifier Thésée** : donner raison à Thésée.
6. **encenser ses autels** : lui rendre un culte, c'est-à-dire l'aimer.
7. **fier** : farouche, rebelle à l'amour (du latin *ferus*, « qui a le caractère d'une bête sauvage »).
8. Antiope, mère d'Hippolyte, est la reine des Amazones, autrefois enlevée par Thésée. Les Amazones étaient une peuplade mythique de femmes guerrières, filles du dieu Mars.
9. **encor** : encore, en outre.
10. **t'étonne** : te stupéfie.

Phèdre de Jean Racine

Dans un âge plus mûr moi-même parvenu,
Je me suis applaudi, quand je me suis connu.
Attaché près de moi par un zèle sincère,
Tu me contais alors l'histoire de mon père.
Tu sais combien mon âme, attentive à ta voix,
S'échauffait[1] au récit de ses nobles exploits ;
Quand tu me dépeignais ce héros intrépide
Consolant les mortels de l'absence d'Alcide[2] ;
Les monstres étouffés et les brigands punis,
Procuste, Cercyon, et Sciron et Sinis,
Et les os dispersés du géant d'Épidaure[3],
Et la Crète fumant du sang du Minotaure[4].
Mais quand tu récitais[5] des faits moins glorieux,
Sa foi[6] partout offerte et reçue en cent lieux ;
Hélène à ses parents dans Sparte dérobée[7] ;
Salamine témoin des pleurs de Péribée[8] ;
Tant d'autres, dont les noms lui sont même échappés,
Trop crédules esprits que sa flamme[9] a trompés !
Ariane aux rochers contant ses injustices[10] ;

75

80

85

Notes

1. **S'échauffait** : s'enthousiasmait.
2. **Alcide** : Hercule, descendant d'Alcée.
3. **Procuste, [...] géant d'Épidaure** : brigands tués par Thésée.
4. Monstre mi-homme mi-taureau, né des amours de Pasiphaé, femme du roi de Crète Minos, et d'un taureau, puis enfermé dans le Labyrinthe par Minos, le Minotaure exigeait d'Athènes des victimes humaines pour le nourrir. Thésée tua ce monstre avec l'aide d'Ariane, fille de Minos et sœur de Phèdre.
5. **récitais** : racontais.
6. **Sa foi** : ses serments de fidélité.
7. Hélène, fille de Léda et de Zeus, fut enlevée d'abord à ses parents par Thésée

et délivrée par ses frères. Devenue l'épouse du roi de Sparte Ménélas, elle fut enlevée par Pâris, fils du roi de Troie Priam – ce qui provoqua le guerre de Troie.
8. **Péribée**, fille du roi de Mégare, fut enlevée à Minos par Thésée et abandonnée à Salamine.
9. **sa flamme** : son amour. Métaphore constante dans la pièce. On trouve, dans le même sens, le *feu* ou *les feux*.
10. **Ariane**, fille du roi Minos, après avoir aidé Thésée à retrouver son chemin dans le Labyrinthe du Minotaure grâce à une pelote de fil, fut séduite et abandonnée par lui sur l'île de Naxos.

Acte I, Scène 1

Thésée tuant le Minotaure.

90 Phèdre enlevée enfin sous de meilleurs auspices[1] ;
Tu sais comme, à regret, écoutant ce discours,
Je te pressais souvent d'en abréger le cours.
Heureux si j'avais pu ravir à la mémoire[2]
Cette indigne moitié d'une si belle histoire.
95 Et moi-même, à mon tour, je me verrais lié[3] ?
Et les dieux jusque-là m'auraient humilié ?
Dans mes lâches soupirs d'autant plus méprisable,
Qu'un long amas d'honneurs rend Thésée excusable ;
Qu'aucuns monstres[4] par moi domptés jusqu'aujourd'hui
100 Ne m'ont acquis le droit de faillir comme lui.
Quand même ma fierté pourrait s'être adoucie,
Aurais-je pour vainqueur dû choisir Aricie ?
Ne souviendrait-il plus à mes sens égarés
De l'obstacle éternel qui nous a séparés ?
105 Mon père la réprouve[5], et, par des lois sévères,
Il défend de donner des neveux à ses frères :
D'une tige coupable il craint un rejeton[6].
Il veut avec leur sœur ensevelir leur nom,
Et que, jusqu'au tombeau, soumise à sa tutelle,
110 Jamais les feux d'hymen[7] ne s'allument pour elle.
Dois-je épouser ses droits contre un père irrité ?
Donnerai-je l'exemple à la témérité ?
Et dans un fol amour ma jeunesse embarquée...

---

1. sous de meilleurs auspices : Phèdre, sœur d'Ariane, devint la femme légitime de Thésée.
2. ravir à la mémoire : effacer du souvenir des hommes.
3. lié : prisonnier, enchaîné par les liens de l'amour.
4. Qu'aucuns monstres : que nul monstre (pluriel grammaticalement correct au XVIIe s.).
5. réprouve : rejette, repousse.
6. D'une tige [...] rejeton : il craint un descendant (« *rejeton* ») d'une lignée (« *tige* ») coupable (métaphore filée).
7. d'hymen : du mariage.

Acte I, Scène 1

THÉRAMÈNE

Ah ! Seigneur, si votre heure est une fois marquée,
Le ciel de nos raisons ne sait point s'informer[1] !
Thésée ouvre vos yeux en voulant les fermer ;
Et sa haine, irritant une flamme rebelle[2],
Prête à son ennemie une grâce nouvelle.
Enfin, d'un chaste amour pourquoi vous effrayer ?
S'il a quelque douceur, n'osez-vous l'essayer[3] ?
En croirez-vous toujours un farouche scrupule ?
Craint-on de s'égarer sur les traces d'Hercule[4] ?
Quels courages[5] Vénus n'a-t-elle pas domptés ?
Vous-même, où seriez-vous, vous qui la combattez,
Si toujours Antiope à ses lois opposée[6],
D'une pudique ardeur n'eût brûlé pour Thésée ?
Mais que sert d'affecter un superbe discours[7] ?
Avouez-le, tout change ; et, depuis quelques jours,
On vous voit moins souvent, orgueilleux et sauvage,
Tantôt faire voler un char sur le rivage,
Tantôt, savant dans l'art par Neptune inventé[8],
Rendre docile au frein un coursier indompté[9].
Les forêts de nos cris moins souvent retentissent.
Chargés d'un feu secret, vos yeux s'appesantissent.
Il n'en faut point douter : vous aimez, vous brûlez ;

1. **si votre heure [...] s'informer** : si le destin en a décidé ainsi, le ciel se soucie peu de nos raisons.
2. **irritant une flamme rebelle** : suscitant un amour contraire à ses volontés.
3. **l'essayer** : en faire l'expérience.
4. **sur les traces d'Hercule** : Hercule est aussi connu pour ses conquêtes amoureuses.
5. **courages** : cœurs fiers.
6. Antiope, mère d'Hippolyte, était hostile au mariage comme toutes les Amazones.
7. **affecter un superbe discours** : simuler un langage orgueilleux.
8. **l'art par Neptune inventé** : l'art de dresser les chevaux, enseigné par Neptune aux Grecs.
9. **Rendre docile [...] indompté** : rendre docile au mors un cheval de course non dompté.

Phèdre de Jean Racine

Vous périssez d'un mal que vous dissimulez.
La charmante[1] Aricie a-t-elle su vous plaire ?

HIPPOLYTE

Théramène, je pars, et vais chercher mon père.

THÉRAMÈNE

Ne verrez-vous point Phèdre avant que de partir,
Seigneur ?

HIPPOLYTE

        C'est mon dessein, tu peux l'en avertir.
Voyons-la, puisqu'ainsi mon devoir me l'ordonne.
Mais quel nouveau malheur trouble[2] sa chère Œnone ?

---

1. charmante : envoûtante, aux charmes magiques.   **2. trouble** : bouleverse.

Une scène d'exposition

Lecture analytique de la scène 1 de l'acte I (pp. 17 à 25)

La fonction de la scène d'exposition

La scène d'exposition donne au lecteur ou au spectateur des informations utiles sur les protagonistes et la situation. Elle commence souvent *in medias res* (au milieu de l'histoire) par une conversation entre un héros et son confident.

UN RÉSEAU COMPLEXE DE PERSONNAGES

1 Qui dialogue et comment l'apprend-on? Quelle est la fonction de Théramène dans cette scène d'ouverture et auprès d'Hippolyte?

2 Quel est le motif de leur entretien? Comment les confidences d'Hippolyte sont-elles rendues crédibles?

3 Quelles explications de son départ Hippolyte donne-t-il? Pourquoi Théramène ne les comprend-il pas? Montrez, ici, la nature et le rôle du quiproquo*.

4 À quoi Hippolyte compare-t-il son amour à ce moment de la pièce (v. 65 à 113, pp. 20 à 23)? Pour répondre, appuyez-vous sur les champs lexicaux* et les métaphores* employés.

5 Relevez ce que dit Hippolyte de ses relations avec Thésée, Aricie et Phèdre. Montrez l'ambivalence de ses sentiments pour ces trois personnages.

6 Quels sont les deux motifs et l'obstacle qui incitent Hippolyte à partir?

> * *Quiproquo* :
> malentendu entre deux personnages sur une situation; il peut s'agir d'une stratégie pour découvrir la vérité ou pour informer tout en créant du suspense.
>
> * *Champ lexical* : ensemble de termes (de classes grammaticales différentes) se rapportant à la même idée ou notion.
>
> * *Métaphore* : figure de style qui établit une analogie entre deux éléments sans utiliser d'outil de comparaison (*comme, pareil à*, etc.).

26   *Phèdre* de Jean Racine

7 Quels personnages absents sont évoqués ? Par quels liens sont-ils unis ? Expliquez la fonction et la longueur de la tirade sur Thésée.

UN CADRE SPATIO-TEMPOREL
CONSTRUIT ET SIGNIFICATIF

8 Reconstituez l'ordre chronologique des événements racontés depuis le début de l'action, en relevant les indicateurs temporels qui les introduisent. Comment appelle-t-on ce type de récit ?

9 À quel registre* peut-on rattacher les histoires fabuleuses évoquées par Hippolyte (v. 75 à 90, pp. 21 à 23) ? Justifiez votre réponse.

> ** Registre :*
> tonalité d'un
> texte liée aux
> effets et émotions
> produits (le
> registre peut être
> tragique, comique,
> pathétique,
> épique, satirique,
> etc.).

Les lieux tragiques

Au théâtre, on distingue 3 types de « lieux tragiques » :
– le **lieu conventionnel** de l'action immédiate (le vestibule d'un palais, aussi appelé « palais à volonté ») ;
– les **lieux évoqués**, proches de l'action (ceux de l'arrivée, du départ et de l'attente) ;
– les **lieux extérieurs**, éloignés dans l'espace et le temps (ceux de l'action passée ou à venir).

---

10 Classez les lieux de la pièce en vous aidant de l'encadré ci-dessus.

11 Comment le port de Trézène, la mer et la forêt sont-ils qualifiés ? Que peuvent symboliser ici ces lieux ? Pourquoi ?

12 À quel effet contribue l'évocation des lieux des exploits de Thésée (v. 10 à 14, pp. 17-18, et v. 75 à 90, pp. 21 à 23) ?

Questionnaire | 27

L'ACTION ET L'ÉNIGME

13 Comparez les décisions d'Hippolyte au début et à la fin de la scène. L'action a-t-elle avancé? Avons-nous appris des choses importantes? Justifiez vos réponses.

14 En quoi réside le mystère de Phèdre? Quelles questions se pose-t-on encore? Que peut-on attendre?

15 En vous appuyant sur vos réponses à ce questionnaire, rédigez un commentaire organisé montrant en quoi cette scène est une scène d'exposition.

SCÈNE 2

Hippolyte, Œnone, Théramène

Œnone
Hélas ! Seigneur, quel trouble au mien peut être égal ?
La reine touche presque à son terme fatal[1].
En vain à l'observer jour et nuit je m'attache.
Elle meurt dans mes bras d'un mal qu'elle me cache.
Un désordre éternel règne dans son esprit.
Son chagrin inquiet[2] l'arrache de son lit.
Elle veut voir le jour ; et sa douleur profonde
M'ordonne toutefois d'écarter tout le monde...
Elle vient.

Hippolyte
                    Il suffit : je la laisse en ces lieux,
Et ne lui montre point un visage odieux[3].

SCÈNE 3

Phèdre, Œnone

Phèdre
N'allons point plus avant. Demeurons[4], chère Œnone.
Je ne me soutiens plus, ma force m'abandonne.
Mes yeux sont éblouis du jour que je revoi[5],
Et mes genoux tremblants se dérobent sous moi.
Hélas !

(Elle s'assied.)

---

1. **son terme fatal** : sa mort fixée par le destin.
2. **inquiet** : qui l'empêche de se reposer.
3. **odieux** : qu'elle déteste.
4. **Demeurons** : arrêtons-nous.
5. **revoi** : orthographe archaïque permettant la « rime pour l'œil » avec « moi ».

Acte I, Scène 3 | 29

ŒNONE

Dieux tout-puissants! que nos pleurs vous apaisent.

PHÈDRE

Que ces vains ornements, que ces voiles me pèsent!
Quelle importune main, en formant tous ces nœuds,
160 A pris soin sur mon front d'assembler mes cheveux?
Tout m'afflige[1] et me nuit, et conspire[2] à me nuire.

ŒNONE

Comme on voit tous ses vœux l'un l'autre se détruire!
Vous-même, condamnant vos injustes desseins[3],
Tantôt[4] à vous parer vous excitiez nos mains;
165 Vous-même, rappelant votre force première,
Vous vouliez vous montrer et revoir la lumière.
Vous la voyez, Madame; et prête à vous cacher,
Vous haïssez le jour que vous veniez chercher?

PHÈDRE

Noble et brillant auteur d'une triste famille,
170 Toi, dont ma mère osait se vanter d'être fille,
Qui peut-être rougis du trouble où tu me vois,
Soleil[5], je te viens voir pour la dernière fois!

ŒNONE

Quoi! vous ne perdrez point cette cruelle envie?
Vous verrai-je toujours, renonçant à la vie,
175 Faire de votre mort les funestes[6] apprêts[7]?

Notes

1. **m'afflige** : m'accable.
2. **conspire** : concourt.
3. **vos injustes desseins** : votre décision injustifiée (de ne plus sortir).
4. **Tantôt** : tout à l'heure (c'est le matin).
5. Le dieu Hélios, le Soleil, est le père de Pasiphaé (mère de Phèdre).

6. **funestes** : qui concernent la mort (du latin *funus*, qui veut dire « deuil »; sens atténué aujourd'hui).
7. **apprêts** : préparatifs.

PHÈDRE

Dieux ! que ne suis-je assise à l'ombre des forêts !
Quand pourrai-je, au travers d'une noble poussière[1],
Suivre de l'œil un char fuyant dans la carrière[2] ?

ŒNONE

Quoi, Madame !

PHÈDRE

Insensée, où suis-je ? et qu'ai-je dit ?
180   Où laissé-je égarer mes vœux[3] et mon esprit ?
Je l'ai perdu : les dieux m'en ont ravi l'usage.
Œnone, la rougeur me couvre le visage.
Je te laisse trop voir mes honteuses douleurs,
Et mes yeux, malgré moi, se remplissent de pleurs.

ŒNONE

185   Ah ! s'il vous faut rougir, rougissez d'un silence
Qui de vos maux encore aigrit[4] la violence.
Rebelle à tous nos soins, sourde à tous nos discours,
Voulez-vous, sans pitié, laisser finir vos jours ?
Quelle fureur les borne[5] au milieu de leur course ?
190   Quel charme[6] ou quel poison en a tari la source ?
Les ombres par trois fois ont obscurci les cieux[7],
Depuis que le sommeil n'est entré dans vos yeux ;
Et le jour a trois fois chassé la nuit obscure,
Depuis que votre corps languit[8] sans nourriture.
195   À quel[9] affreux dessein vous laissez-vous tenter ?
De quel droit sur vous-même osez-vous attenter ?

Notes

1. noble poussière : poussière soulevée par la course de chars, sport aristocratique où Hippolyte excelle. Figure de style par déplacement (hypallage).
2. carrière : piste pour les courses de chars.
3. vœux : désirs amoureux.
4. aigrit : aggrave.

5. Quelle fureur les borne : quelle folie furieuse leur met un terme.
6. charme : sortilège.
7. Les ombres [...] cieux : trois nuits se sont écoulées.
8. languit : dépérit.
9. À quel : par quel.

Vous offensez les dieux auteurs de votre vie ;
Vous trahissez l'époux à qui la foi[1] vous lie ;
Vous trahissez enfin vos enfants malheureux,
200 Que vous précipitez sous un joug rigoureux.
Songez qu'un même jour leur ravira leur mère,
Et rendra l'espérance au fils de l'étrangère,
À ce fier ennemi de vous, de votre sang[2],
Ce fils qu'une Amazone a porté dans son flanc,
205 Cet Hippolyte…

PHÈDRE

Ah, dieux !

ŒNONE

Ce reproche vous touche.

PHÈDRE

Malheureuse, quel nom est sorti de ta bouche ?

ŒNONE

Hé bien ! votre colère éclate avec raison.
J'aime à vous voir frémir à ce funeste nom.
Vivez donc. Que l'amour, le devoir vous excite[3].
210 Vivez, ne souffrez pas que le fils d'une Scythe[4],
Accablant vos enfants d'un empire odieux[5],
Commande au plus beau sang[6] de la Grèce et des dieux.
Mais ne différez point : chaque moment vous tue.
Réparez promptement votre force abattue,
215 Tandis que de vos jours, prêts à se consumer,
Le flambeau dure encore, et peut se rallumer.

Notes

1. **foi** : fidélité jurée.
2. **sang** : famille.
3. **excite** : ranime, engage à vivre (accord avec le sujet le plus proche).
4. **une Scythe** : une Amazone.
Les Amazones étaient originaires de la Scythie, au nord de la mer Noire.

5. **un empire odieux** : une domination détestable.
6. **au plus beau sang** : les enfants de Phèdre et de Thésée sont de purs Grecs et descendent des dieux, tandis qu'Hippolyte est « barbare » par sa mère.

PHÈDRE

J'en ai trop prolongé la coupable durée.

ŒNONE

Quoi ! de quelques remords êtes-vous déchirée ?
Quel crime a pu produire un trouble si pressant[1] ?
220 Vos mains n'ont point trempé dans le sang innocent ?

PHÈDRE

Grâces au ciel, mes mains ne sont point criminelles.
Plût aux dieux que mon cœur fût innocent comme elles !

ŒNONE

Et quel affreux projet avez-vous enfanté
Dont votre cœur encore doive être épouvanté ?

PHÈDRE

225 Je t'en ai dit assez. Épargne-moi le reste.
Je meurs, pour ne point faire un aveu si funeste.

ŒNONE

Mourez donc, et gardez un silence inhumain ;
Mais pour fermer vos yeux cherchez une autre main.
Quoiqu'il vous reste à peine une faible lumière[2],
230 Mon âme chez les morts descendra la première.
Mille chemins ouverts y conduisent toujours,
Et ma juste douleur choisira les plus courts.
Cruelle, quand ma foi vous a-t-elle déçue ?
Songez-vous qu'en naissant[3] mes bras vous ont reçue ?
235 Mon pays, mes enfants, pour vous j'ai tout quitté.
Réserviez-vous ce prix à ma fidélité ?

PHÈDRE

Quel fruit espères-tu de tant de violence ?
Tu frémiras d'horreur si je romps le silence.

Notes

1. **pressant** : oppressant.
2. **une faible lumière** : une faible étincelle de vie (« *lumière* » : métaphore poétique pour désigner la vie).
3. **en naissant** : à votre naissance.

Acte I, Scène 3 | 33

ŒNONE

Et que me direz-vous qui ne cède, grands dieux!
240 À l'horreur de vous voir expirer à mes yeux?

PHÈDRE

Quand tu sauras mon crime, et le sort qui m'accable,
Je n'en mourrai pas moins, j'en mourrai plus coupable.

ŒNONE

Madame, au nom des pleurs que pour vous j'ai versés,
Par vos faibles genoux que je tiens embrassés[1],
245 Délivrez mon esprit de ce funeste doute.

PHÈDRE

Tu le veux. Lève-toi.

ŒNONE

Parlez, je vous écoute.

PHÈDRE

Ciel! que lui vais-je dire, et par où commencer?

ŒNONE

Par de vaines frayeurs cessez de m'offenser[2].

PHÈDRE

Ô haine de Vénus! Ô fatale colère[3]!
250 Dans quels égarements l'amour jeta ma mère[4]!

ŒNONE

Oublions-les, Madame; et qu'à tout l'avenir
Un silence éternel cache ce souvenir.

Notes

1. **embrassés** : entourés de mes bras
(attitude des suppliants antiques).
2. **m'offenser** : me faire souffrir.
3. **Ô [...] colère** : haine mortelle de
Vénus qui poursuit de sa vengeance
les descendants du Soleil parce qu'il avait
divulgué ses amours avec Mars.

4. **Dans [...] ma mère** : allusion à l'amour
monstrueux de Pasiphaé pour un taureau
(d'où naquit le Minotaure).

Phèdre de Jean Racine

PHÈDRE

Ariane, ma sœur ! de quel amour blessée,
Vous mourûtes aux bords où vous fûtes laissée ![1]

ŒNONE

255 Que faites-vous, Madame ? et quel mortel ennui[2]
Contre tout votre sang vous anime aujourd'hui ?

PHÈDRE

Puisque Vénus le veut, de ce sang déplorable[3]
Je péris la dernière et la plus misérable[4].

ŒNONE

Aimez-vous ?

PHÈDRE

De l'amour j'ai toutes les fureurs.

ŒNONE

260 Pour qui ?

PHÈDRE

Tu vas ouïr le comble des horreurs.
J'aime… À ce nom fatal, je tremble, je frissonne.
J'aime…

ŒNONE

Qui ?

PHÈDRE

Tu connais ce fils de l'Amazone,
Ce prince si longtemps par moi-même opprimé ?

ŒNONE

Hippolyte ? Grands Dieux !

Notes

1. Ariane, autre fille du roi Minos, fut séduite et abandonnée par Thésée sur l'île de Naxos.
2. **ennui** : tourment, désespoir (sens aujourd'hui très atténué).

3. **ce sang déplorable** : cette famille digne de pitié.
4. **misérable** : malheureuse.

Œnone et Phèdre, avec Sarah Bernhardt dans le rôle-titre.

PHÈDRE

C'est toi qui l'as nommé.

ŒNONE

265 Juste ciel! tout mon sang dans mes veines se glace.
Ô désespoir! Ô crime! Ô déplorable race[1]!
Voyage infortuné! Rivage malheureux[2]!
Fallait-il approcher de tes bords dangereux?

PHÈDRE

Mon mal vient de plus loin. À peine au fils d'Égée[3]
270 Sous les lois de l'hymen[4], je m'étais engagée,
Mon repos, mon bonheur semblait être affermi;
Athènes me montra mon superbe ennemi[5].
Je le vis, je rougis, je pâlis à sa vue;
Un trouble s'éleva dans mon âme éperdue:
275 Mes yeux ne voyaient plus, je ne pouvais parler;
Je sentis tout mon corps et transir[6] et brûler.
Je reconnus Vénus et ses feux redoutables,
D'un sang qu'elle poursuit tourments inévitables.
Par des vœux[7] assidus je crus les détourner:
280 Je lui bâtis un temple, et pris soin de l'orner.
De victimes moi-même à toute heure entourée,
Je cherchais dans leurs flancs[8] ma raison égarée.
D'un incurable amour remèdes impuissants!
En vain sur les autels ma main brûlait l'encens.

Notes

1. race: lignée, tous ceux qui viennent d'une même famille.
2. Rivage malheureux: rivage de Trézène, où Phèdre a eu le malheur de retrouver Hippolyte.
3. fils d'Égée: Thésée.
4. hymen: mariage.
5. mon superbe ennemi: désigne Hippolyte, fier (*« superbe »*) et *« ennemi »* parce qu'il suscite un amour interdit.

6. transir: être saisi de froid.
7. vœux: prières.
8. Je cherchais dans leurs flancs: selon les rites de la religion grecque antique, Phèdre consultait les entrailles d'animaux sacrifiés pour connaître l'avenir.

Acte I, Scène 3 | 37

285 Quand ma bouche implorait le nom de la déesse,
     J'adorais Hippolyte ; et le voyant sans cesse,
     Même au pied des autels que je faisais fumer,
     J'offrais tout à ce dieu que je n'osais nommer.
     Je l'évitais partout. Ô comble de misère[1] !
290 Mes yeux le retrouvaient dans les traits de son père.
     Contre moi-même enfin j'osai me révolter :
     J'excitai mon courage[2] à le persécuter.
     Pour bannir l'ennemi dont j'étais idolâtre,
     J'affectai les chagrins[3] d'une injuste marâtre ;
295 Je pressai son exil, et mes cris éternels
     L'arrachèrent du sein et des bras paternels.
     Je respirais, Œnone ; et depuis son absence,
     Mes jours moins agités coulaient dans l'innocence.
     Soumise à mon époux, et cachant mes ennuis,
300 De son fatal hymen je cultivais les fruits[4].
     Vaines précautions ! Cruelle destinée !
     Par mon époux lui-même à Trézène amenée,
     J'ai revu l'ennemi que j'avais éloigné :
     Ma blessure trop vite aussitôt a saigné.
305 Ce n'est plus une ardeur dans mes veines cachée :
     C'est Vénus tout entière à sa proie attachée.
     J'ai conçu pour mon crime une juste terreur.
     J'ai pris la vie en haine, et ma flamme en horreur.
     Je voulais en mourant prendre soin de ma gloire[5],
310 Et dérober au jour une flamme si noire[6] ;
     Je n'ai pu soutenir tes larmes, tes combats ;

Notes

1. **misère** : malheur.
2. **courage** : cœur.
3. **les chagrins** : l'hostilité (sens aujourd'hui atténué).
4. **De son fatal hymen je cultivais les fruits** : j'élevais mes enfants, nés (« fruits ») de mon mariage avec Thésée.

5. **gloire** : honneur, réputation.
6. **noire** : criminelle.

Je t'ai tout avoué, je ne m'en repens pas ;
Pourvu que de ma mort respectant les approches,
Tu ne m'affliges plus par d'injustes reproches,
Et que tes vains secours cessent de rappeler
Un reste de chaleur tout prêt à s'exhaler[1].

Note

1. **Un reste de chaleur tout prêt à s'exhaler** : un dernier souffle de vie prêt à s'échapper.

« Une flamme si noire »
Lecture analytique de la scène 3 de l'acte I (pp. 29 à 39)

LE SECOND AVEU : LE REDOUBLEMENT TRAGIQUE

1) Comparez la structure de cette scène avec celle de la scène 1. Quelles sont les similitudes et les différences ?

2) Quels sont l'état d'esprit et les intentions de Phèdre au début de la scène (v. 153 à 184, pp. 29 à 31) ? Que tente de faire Œnone après chacune de ses répliques ?

3) Quels arguments successifs Œnone emploie-t-elle pour convaincre Phèdre d'avouer ?

4) Quelle caractéristique de la relation entre Phèdre et sa nourrice apparaît sur cette photographie de mise en scène ?

Cf. document 1.

> **L'aveu, faute tragique**
>
> *Phèdre* apparaît comme une tragédie de la parole qu'il ne faudrait pas prononcer. Selon Roland Barthes, ce n'est pas l'amour de Phèdre pour son beau-fils qui est la faute et l'enjeu tragiques de la pièce, mais son aveu.

5) Quelles sont les 3 étapes qui vont conduire Phèdre à avouer sa passion ? Comme dans la scène 1, quel malentendu a favorisé cet aveu ?

6) Phèdre voulait-elle déclarer son amour ? Justifiez votre réponse. Quel effet produit la stichomythie* (v. 246 à 265, pp. 34 à 37) ? Quelles conséquences Phèdre tire-t-elle de cet aveu (v. 312 à 316, p. 38) ?

* **Stichomythie** : dialogue où les interlocuteurs se répondent vers à vers.

Phèdre de Jean Racine

UNE PEINTURE DE LA PASSION AMOUREUSE

Peinture baroque de la passion

Pour peindre la passion amoureuse impossible, Racine renoue avec la tradition baroque du début du XVIIᵉ siècle, caractérisée par une liberté de forme, une profusion et une violence dans l'expression des sentiments. Le langage amoureux racinien use de procédés de style spécifiques (gradation, alliance de mots, périphrase, métaphore, oxymore, etc.) qui suggèrent les ravages de la passion interdite, tout en respectant la bienséance chère au classicisme.

7 Identifiez les 5 étapes de l'aveu de Phèdre à l'aide des temps verbaux et des indices temporels (v. 269 à 316, pp. 37 à 39).

8 Dans quelle intention Phèdre évoque-t-elle le passé (v. 243 à 316, pp. 34 à 39)?

9 Aux vers 269 à 310 (pp. 37-38), par quels termes Phèdre désigne-t-elle l'amour? Quels champs lexicaux reconnaissez-vous? Qu'en concluez-vous et quel rapprochement pouvez-vous faire avec la scène 1?

10 Quels sont les effets physiques et mentaux de la passion (v. 273 à 292, pp. 37-38)? Pour répondre, appuyez-vous sur les champs lexicaux du regard et du corps, ainsi que sur les figures de style montrant la violence de l'amour.

11 Relevez le champ lexical de l'idéalisation. En quoi Phèdre transforme-t-elle Hippolyte dans son imagination?

L'HÉROÏNE TRAGIQUE, VICTIME DE LA FATALITÉ

La fatalité

Dans la tragédie grecque, la fatalité est liée à des données légendaires et divines : un dieu poursuit de sa colère une famille illustre pour se venger de la faute commise par un ancêtre.

La fatalité prend aussi la forme d'un « conflit tragique », mettant aux prises un personnage épris de vertu et de gloire avec la honte d'une passion interdite qui l'enferme.

12 Quels personnages de la mythologie grecque et de sa famille Phèdre évoque-t-elle ? De quelle manière et dans quel but ?

13 Par quels moyens Phèdre a-t-elle lutté contre sa passion (v. 269 à 316, pp. 37 à 39) ? Pourquoi a-t-elle échoué ?

14 Relevez le verbe (ainsi que le nom de la même famille) employé par Phèdre dans deux sens distincts (v. 169 à 184, pp. 30-31, et v. 269 à 282, p. 37). Quel double sentiment à l'égard d'elle-même exprime-t-il ?

15 Que savons-nous que Phèdre ignore ? Que comprenons-nous de sa situation et dans quelle position cela nous place-t-il vis-à-vis de cette héroïne (*cf.* l'encadré sur l'ironie dramatique, p. 94) ?

16 En vous appuyant sur vos réponses à ce questionnaire, rédigez un commentaire organisé montrant en quoi cette scène expose les caractéristiques d'une passion impossible.

42 | *Phèdre* de Jean Racine

SCÈNE 4

PHÈDRE, ŒNONE, PANOPE

PANOPE

Je voudrais vous cacher une triste nouvelle,
Madame ; mais il faut que je vous la révèle.
La mort vous a ravi votre invincible époux ;
320   Et ce malheur n'est plus ignoré que de vous.

ŒNONE

Panope, que dis-tu ?

PANOPE

Que la reine abusée[1]
En vain demande au ciel le retour de Thésée ;
Et que, par des vaisseaux arrivés dans le port,
Hippolyte son fils vient d'apprendre sa mort.

PHÈDRE

325   Ciel !

PANOPE

Pour le choix d'un maître Athènes se partage.
Au prince votre fils[2] l'un donne son suffrage,
Madame ; et de l'État l'autre oubliant les lois,
Au fils de l'étrangère[3] ose donner sa voix.
On dit même qu'au trône une brigue[4] insolente
330   Veut placer Aricie et le sang de Pallante.
J'ai cru de ce péril vous devoir avertir.
Déjà même Hippolyte est tout prêt à partir ;

Notes

1. **abusée** : vivant dans l'illusion (que Thésée n'est pas mort).
2. Il s'agit du fils aîné de Thésée et Phèdre, prétendant légitime au trône de son père.
3. **fils de l'étrangère** : Hippolyte, fils d'Antiope.
4. **une brigue** : une faction politique, des conspirateurs.

Et l'on craint, s'il paraît dans ce nouvel[1] orage,
Qu'il n'entraîne après lui tout un peuple volage[2].

ŒNONE

335 Panope, c'est assez. La reine, qui t'entend,
Ne négligera point cet avis important.

SCÈNE 5

PHÈDRE, ŒNONE

ŒNONE

Madame, je cessais de vous presser de vivre ;
Déjà même au tombeau je songeais à vous suivre ;
Pour vous en détourner je n'avais plus de voix ;
340 Mais ce nouveau malheur vous prescrit d'autres lois.
Votre fortune[3] change et prend une autre face :
Le roi n'est plus, Madame ; il faut prendre sa place.
Sa mort vous laisse un fils à qui vous vous devez :
Esclave s'il vous perd, et roi si vous vivez.
345 Sur qui, dans son malheur, voulez-vous qu'il s'appuie ?
Ses larmes n'auront plus de main qui les essuie :
Et ses cris innocents portés jusques aux dieux,
Iront contre sa mère irriter ses aïeux.
Vivez, vous n'avez plus de reproche à vous faire.
350 Votre flamme devient une flamme ordinaire.
Thésée, en expirant, vient de rompre les nœuds[4]
Qui faisaient tout le crime et l'horreur de vos feux.
Hippolyte pour vous devient moins redoutable,
Et vous pouvez le voir sans vous rendre coupable.
355 Peut-être, convaincu de votre aversion,

Notes

1. **nouvel** : imprévu.
2. **volage** : inconstant.

3. **fortune** : sort, destinée.
4. **nœuds** : liens du mariage.

Il va donner un chef à la sédition[1] ;
Détrompez son erreur, fléchissez son courage.
Roi de ces bords heureux, Trézène est son partage[2] ;
Mais il sait que les lois donnent à votre fils
360   Les superbes remparts que Minerve a bâtis[3].
Vous avez l'un et l'autre une juste ennemie[4].
Unissez-vous tous deux pour combattre Aricie.

PHÈDRE

Hé bien ! à tes conseils je me laisse entraîner.
Vivons, si vers la vie on peut me ramener,
365   Et si l'amour d'un fils en ce moment funeste,
De mes faibles esprits peut ranimer le reste.

Notes

1. **sédition** : rébellion, soulèvement.
2. **est son partage** : lui revient.
3. **Les superbes [...] a bâtis** : périphrase pour désigner Athènes, ville protégée par Minerve (Athéna en grec).

4. **juste ennemie** : ennemie réelle, légitime.

Acte I, Scène 5 | 45

Thérèse Du Parc, comédienne et maîtresse de Jean Racine.

Acte II

SCÈNE 1

ARICIE, ISMÈNE

ARICIE
Hippolyte demande à me voir en ce lieu ?
Hippolyte me cherche, et veut me dire adieu ?
Ismène, dis-tu vrai ? N'es-tu point abusée ?

ISMÈNE
370 C'est le premier effet de la mort de Thésée.
Préparez-vous, Madame, à voir de tous côtés
Voler vers vous les cœurs par Thésée écartés.
Aricie, à la fin[1], de son sort est maîtresse,
Et bientôt à ses pieds verra toute la Grèce.

ARICIE
375 Ce n'est donc point, Ismène, un bruit mal affermi[2] ?
Je cesse d'être esclave, et n'ai plus d'ennemi ?

Notes
1. **à la fin** : enfin.
2. **mal affermi** : non confirmé.

ISMÈNE
Non, Madame, les dieux ne vous sont plus contraires ;
Et Thésée a rejoint les mânes de vos frères[1].

ARICIE
Dit-on quelle aventure[2] a terminé ses jours ?

ISMÈNE
380 On sème de sa mort d'incroyables discours[3].
On dit que, ravisseur d'une amante nouvelle,
Les flots ont englouti cet époux infidèle.
On dit même, et ce bruit est partout répandu,
Qu'avec Pirithoüs[4] aux Enfers descendu,
385 Il a vu le Cocyte[5] et les rivages sombres,
Et s'est montré vivant aux infernales[6] ombres ;
Mais qu'il n'a pu sortir de ce triste[7] séjour,
Et repasser les bords qu'on passe sans retour.

ARICIE
Croirai-je qu'un mortel, avant sa dernière heure,
390 Peut pénétrer des morts la profonde demeure ?
Quel charme[8] l'attirait sur ces bords redoutés ?

ISMÈNE
Thésée est mort, Madame, et vous seule en doutez.
Athènes en gémit, Trézène en est instruite,
Et déjà pour son roi reconnaît Hippolyte.
395 Phèdre, dans ce palais, tremblante pour son fils,
De ses amis troublés demande les avis.

---

1. **les mânes de vos frères** : les âmes de vos frères morts. Les mânes des morts sont considérés comme des divinités dans l'Antiquité.
2. **quelle aventure** : quel événement.
3. **discours** : récits.
4. **Pirithoüs** : compagnon de Thésée.
5. **Cocyte** : l'un des fleuves des Enfers qui prend sa source en Épire, comme l'Achéron. Désigne les Enfers eux-mêmes, par métonymie.
6. **infernales** : des Enfers.
7. **triste** : sombre, funèbre.
8. **charme** : envoûtement.

48 | *Phèdre* de Jean Racine

ARICIE

Et tu crois que pour moi plus humain que son père,
Hippolyte rendra ma chaîne plus légère ?
Qu'il plaindra mes malheurs ?

ISMÈNE

Madame, je le croi[1].

ARICIE

400 L'insensible Hippolyte est-il connu de toi ?
Sur quel frivole espoir penses-tu qu'il me plaigne,
Et respecte en moi seule un sexe qu'il dédaigne ?
Tu vois depuis quel temps il évite nos pas,
Et cherche tous les lieux où nous ne sommes pas.

ISMÈNE

405 Je sais de ses froideurs tout ce que l'on récite[2] ;
Mais j'ai vu près de vous ce superbe Hippolyte ;
Et même en le voyant le bruit[3] de sa fierté
A redoublé pour lui ma curiosité.
Sa présence[4] à ce bruit n'a point paru répondre.
410 Dès vos premiers regards je l'ai vu se confondre[5].
Ses yeux, qui vainement voulaient vous éviter,
Déjà pleins de langueur[6], ne pouvaient vous quitter.
Le nom d'amant peut-être offense son courage[7] ;
Mais il en a les yeux, s'il n'en a le langage.

ARICIE

415 Que mon cœur, chère Ismène, écoute avidement
Un discours qui peut-être a peu de fondement !
Ô toi qui me connais, te semblait-il croyable
Que le triste jouet d'un sort impitoyable,

1. **croi** : crois (orthographe archaïque permettant la « rime pour l'œil » avec « *toi* »).
2. **récite** : raconte.
3. **le bruit** : la réputation.
4. **Sa présence** : son attitude.
5. **se confondre** : se troubler.
6. **langueur** : souffrance amoureuse.
7. **courage** : cœur.

Acte II, Scène 1 | 49

Un cœur toujours nourri d'amertume et de pleurs,
420 Dût connaître l'amour et ses folles douleurs ?
Reste du sang d'un roi, noble fils de la Terre[1],
Je suis seule échappée aux fureurs de la guerre.
J'ai perdu, dans la fleur de leur jeune saison,
Six frères, quel espoir d'une illustre maison !
425 Le fer moissonna tout ; et la terre humectée
But à regret le sang des neveux[2] d'Érechthée.
Tu sais, depuis leur mort, quelle sévère loi
Défend à tous les Grecs de soupirer pour moi :
On craint que de la sœur les flammes téméraires
430 Ne raniment un jour la cendre de ses frères.
Mais tu sais bien aussi de quel œil dédaigneux
Je regardais ce soin[3] d'un vainqueur soupçonneux.
Tu sais que de tout temps à l'amour opposée,
Je rendais souvent grâce à l'injuste Thésée,
435 Dont l'heureuse rigueur secondait mes mépris.
Mes yeux alors, mes yeux n'avaient pas vu son fils.
Non que par les yeux seuls lâchement enchantée[4],
J'aime en lui sa beauté, sa grâce tant vantée,
Présents dont la nature a voulu l'honorer,
440 Qu'il méprise lui-même, et qu'il semble ignorer.
J'aime, je prise[5] en lui de plus nobles richesses,
Les vertus de son père, et non point les faiblesses.
J'aime, je l'avouerai, cet orgueil généreux[6],
Qui jamais n'a fléchi sous le joug[7] amoureux.
445 Phèdre en vain s'honorait des soupirs[8] de Thésée ;
Pour moi, je suis plus fière, et fuis la gloire aisée
D'arracher un hommage à mille autres offert,

Notes

1. **noble fils de la Terre** : Aricie est descendante d'Érechthée, fils de Vulcain et de la Terre, et sixième roi d'Athènes.
2. **neveux** : descendants.
3. **ce soin** : cette précaution.

4. **enchantée** : envoûtée.
5. **je prise** : j'apprécie, j'estime.
6. **généreux** : noble.
7. **le joug** : la domination.
8. **soupirs** : soupirs d'amour.

Et d'entrer dans un cœur de toutes parts ouvert.
Mais de faire fléchir un courage inflexible,
450 De porter la douleur dans une âme insensible,
D'enchaîner un captif de ses fers[1] étonné[2],
Contre un joug qui lui plaît vainement mutiné[3] :
C'est là ce que je veux, c'est là ce qui m'irrite[4].
Hercule à désarmer coûtait moins qu'Hippolyte,
455 Et vaincu plus souvent, et plus tôt surmonté,
Préparait moins de gloire aux yeux qui l'ont dompté.
Mais, chère Ismène, hélas ! quelle est mon imprudence !
On ne m'opposera que trop de résistance.
Tu m'entendras peut-être, humble dans mon ennui[5],
460 Gémir du même orgueil que j'admire aujourd'hui.
Hippolyte aimerait ? Par quel bonheur extrême
Aurais-je pu fléchir…

ISMÈNE
                              Vous l'entendrez lui-même :
Il vient à vous.

SCÈNE 2

HIPPOLYTE, ARICIE, ISMÈNE

HIPPOLYTE
                         Madame, avant que de partir,
J'ai cru de votre sort vous devoir avertir.
465 Mon père ne vit plus. Ma juste défiance[6]
Présageait les raisons de sa trop longue absence.
La mort seule, bornant ses travaux éclatants[7],
Pouvait à l'univers le cacher si longtemps.

1. **ses fers** : ses chaînes.
2. **étonné** : stupéfait (frappé comme par le tonnerre).
3. **mutiné** : révolté.
4. **m'irrite** : m'anime, m'excite.
5. **ennui** : tourment.
6. **juste défiance** : inquiétude justifiée.
7. **travaux éclatants** : glorieux exploits.

Les dieux livrent enfin à la Parque homicide[1]

470 L'ami, le compagnon, le successeur d'Alcide[2].

Je crois que votre haine, épargnant ses vertus,

Écoute sans regret ces noms qui lui sont dus.

Un espoir adoucit ma tristesse mortelle :

Je puis vous affranchir d'une austère[3] tutelle.

475 Je révoque des lois dont j'ai plaint[4] la rigueur.

Vous pouvez disposer de vous, de votre cœur ;

Et dans cette Trézène, aujourd'hui mon partage,

De mon aïeul Pitthée[5] autrefois l'héritage,

Qui m'a, sans balancer[6], reconnu pour son roi,

480 Je vous laisse aussi libre, et plus libre que moi.

ARICIE

Modérez des bontés dont l'excès m'embarrasse.

D'un soin si généreux honorer ma disgrâce,

Seigneur, c'est me ranger, plus que vous ne pensez,

Sous ces austères lois dont vous me dispensez.

HIPPOLYTE

485 Du choix d'un successeur Athènes incertaine,

Parle de vous, me nomme, et le fils de la reine.

ARICIE

De moi, Seigneur ?

HIPPOLYTE

Je sais, sans vouloir me flatter,

Qu'une superbe loi[7] semble me rejeter.

La Grèce me reproche une mère étrangère.

490 Mais si pour concurrent je n'avais que mon frère[8],

Notes

1. la Parque homicide : divinité personnifiant le Destin, qui présidait à la mort.
2. Alcide : Hercule.
3. austère : rigoureuse.
4. j'ai plaint : j'ai déploré.

5. Pitthée : fils de Jupiter, grand-père de Thésée et ancien roi de Trézène.
6. sans balancer : sans hésiter.
7. superbe loi : loi méprisante.
8. mon frère : désigne le fils aîné de Phèdre.

Phèdre de Jean Racine

Madame, j'ai sur lui de véritables droits
Que je saurais sauver du caprice des lois.
Un frein plus légitime arrête mon audace.
Je vous cède, ou plutôt je vous rends une place,
495 Un sceptre que jadis vos aïeux ont reçu
De ce fameux mortel[1] que la Terre a conçu.
L'adoption[2] le mit entre les mains d'Égée.
Athènes, par mon père accrue et protégée,
Reconnut avec joie un roi si généreux,
500 Et laissa dans l'oubli vos frères malheureux.
Athènes dans ses murs maintenant vous rappelle.
Assez elle a gémi d'une longue querelle ;
Assez dans ses sillons votre sang englouti
A fait fumer le champ dont il était sorti.
505 Trézène m'obéit. Les campagnes de Crète
Offrent au fils de Phèdre une riche retraite.
L'Attique[3] est votre bien. Je pars, et vais pour vous
Réunir tous les vœux partagés entre nous.

ARICIE
De tout ce que j'entends étonnée[4] et confuse,
510 Je crains presque, je crains qu'un songe ne m'abuse.
Veillé-je ? Puis-je croire un semblable dessein ?
Quel dieu, Seigneur, quel dieu l'a mis dans votre sein ?
Qu'à bon droit votre gloire en tous lieux est semée !
Et que la vérité passe[5] la renommée !
515 Vous-même, en ma faveur, vous voulez vous trahir !

1. **ce fameux mortel** : Érechthée.
2. Égée, père de Thésée, était le fils adoptif de Pandion II, descendant d'Érechthée, tandis que Pallas, père d'Aricie, était son fils par le sang. Les droits au trône d'Aricie seraient donc plus légitimes que ceux d'Hippolyte.

3. **Attique** : région de Grèce où se trouve Athènes.
4. **étonnée** : stupéfiée.
5. **passe** : dépasse.

N'était-ce pas assez de ne me point haïr ?
Et d'avoir si longtemps pu défendre votre âme
De cette inimitié…

HIPPOLYTE

Moi, vous haïr, Madame ?
Avec quelques couleurs qu'on ait peint ma fierté,
520 Croit-on que dans ses flancs un monstre m'ait porté ?
Quelles sauvages mœurs, quelle haine endurcie
Pourrait, en vous voyant, n'être point adoucie ?
Ai-je pu résister au charme décevant[1]…

ARICIE

Quoi ! Seigneur.

HIPPOLYTE

Je me suis engagé trop avant.
525 Je vois que la raison cède à la violence[2].
Puisque j'ai commencé de rompre le silence,
Madame, il faut poursuivre : il faut vous informer
D'un secret que mon cœur ne peut plus renfermer.
Vous voyez devant vous un prince déplorable[3],
530 D'un téméraire orgueil exemple mémorable.
Moi qui, contre l'amour fièrement révolté,
Aux fers de ses captifs ai longtemps insulté[4] ;
Qui des faibles mortels déplorant les naufrages,
Pensais toujours du bord contempler les orages,
535 Asservi maintenant sous la commune loi,
Par quel trouble me vois-je emporté loin de moi ?
Un moment a vaincu mon audace imprudente :
Cette âme si superbe[5] est enfin dépendante.

Notes

1. **décevant** : trompeur.
2. **violence** : passion.
3. **déplorable** : qui mérite la pitié.

4. **Aux fers [...] insulté** : ai longtemps méprisé l'esclavage des captifs de l'amour.
5. **superbe** : farouche, orgueilleuse.

Phèdre de Jean Racine

Depuis près de six mois, honteux, désespéré,
540 Portant partout le trait¹ dont je suis déchiré,
Contre vous, contre moi, vainement je m'éprouve² :
Présente, je vous fuis ; absente, je vous trouve.
Dans le fond des forêts votre image me suit.
La lumière du jour, les ombres de la nuit,
545 Tout retrace à mes yeux les charmes que j'évite ;
Tout vous livre à l'envi³ le rebelle Hippolyte.
Moi-même, pour tout fruit de mes soins⁴ superflus,
Maintenant je me cherche, et ne me trouve plus.
Mon arc, mes javelots, mon char, tout m'importune.
550 Je ne me souviens plus des leçons de Neptune⁵.
Mes seuls gémissements font retentir les bois,
Et mes coursiers⁶ oisifs ont oublié ma voix.
Peut-être le récit d'un amour si sauvage
Vous fait, en m'écoutant, rougir de votre ouvrage.
555 D'un cœur qui s'offre à vous quel farouche⁷ entretien !
Quel étrange captif pour un si beau lien !
Mais l'offrande à vos yeux en doit être plus chère.
Songez que je vous parle une langue étrangère⁸,
Et ne rejetez pas des vœux mal exprimés,
560 Qu'Hippolyte sans vous n'aurait jamais formés.

---

1. **le trait** : métaphore amoureuse désignant la blessure des flèches de Cupidon, dieu de l'Amour.
2. **je m'éprouve** : je me mets à l'épreuve, je résiste.
3. **Tout vous livre à l'envi** : tout se ligue pour vous livrer.
4. **soins** : efforts.
5. **des leçons de Neptune** : l'équitation.
6. **coursiers** : chevaux.
7. **farouche** : rude, sauvage.
8. **étrangère** : jusqu'alors inconnue de moi.

SCÈNE 3

Hippolyte, Aricie, Théramène, Ismène

THÉRAMÈNE

Seigneur, la reine vient, et je l'ai devancée.
Elle vous cherche.

HIPPOLYTE

Moi!

THÉRAMÈNE

J'ignore sa pensée.
Mais on vous est venu demander de sa part.
Phèdre veut vous parler avant votre départ.

HIPPOLYTE

565   Phèdre! Que lui dirai-je? Et que peut-elle attendre?...

ARICIE

Seigneur, vous ne pouvez refuser de l'entendre[1].
Quoique trop convaincu de son inimitié,
Vous devez à ses pleurs quelque ombre de pitié.

HIPPOLYTE

Cependant[2] vous sortez. Et je pars. Et j'ignore
570   Si je n'offense point les charmes que j'adore.
J'ignore si ce cœur que je laisse en vos mains...

ARICIE

Partez, Prince, et suivez vos généreux desseins.
Rendez de mon pouvoir Athènes tributaire[3].
J'accepte tous les dons que vous me voulez faire.
575   Mais cet empire enfin si grand, si glorieux,
N'est pas de vos présents le plus cher à mes yeux.

Notes

1. **l'entendre** : l'écouter.
2. **Cependant** : pendant ce temps.
3. **Rendez [...] tributaire** : rendez Athènes dépendante de mon pouvoir.

Phèdre de Jean Racine

SCÈNE 4

HIPPOLYTE, THÉRAMÈNE

HIPPOLYTE

Ami, tout est-il prêt? Mais la reine s'avance.
Va, que pour le départ tout s'arme en diligence[1].
Fais donner le signal, cours, ordonne, et revien[2]
580 Me délivrer bientôt d'un fâcheux[3] entretien.

SCÈNE 5

PHÈDRE, HIPPOLYTE, ŒNONE

PHÈDRE, *à Œnone*

Le voici. Vers mon cœur tout mon sang se retire.
J'oublie, en le voyant, ce que je viens lui dire.

ŒNONE

Souvenez-vous d'un fils qui n'espère qu'en vous.

PHÈDRE

On dit qu'un prompt départ vous éloigne de nous,
585 Seigneur. À vos douleurs je viens joindre mes larmes.
Je vous viens pour un fils expliquer mes alarmes[4].
Mon fils n'a plus de père : et le jour n'est pas loin
Qui de ma mort encor[5] doit le rendre témoin.
Déjà mille ennemis attaquent son enfance.
590 Vous seul pouvez contre eux embrasser[6] sa défense.
Mais un secret remords agite mes esprits :
Je crains d'avoir fermé votre oreille à ses cris.

Notes

1. tout s'arme en diligence : tout se prépare rapidement.
2. revien : licence orthographique poétique permettant la « rime pour l'œil » avec « *entretien* ».

3. fâcheux : pénible.
4. mes alarmes : mon inquiétude.
5. encor : en plus, en outre.
6. embrasser : prendre.

Je tremble que sur lui votre juste colère
Ne poursuive bientôt une odieuse mère.

HIPPOLYTE

595   Madame, je n'ai point des sentiments si bas.

PHÈDRE

Quand vous me haïriez, je ne m'en plaindrais pas,
Seigneur. Vous m'avez vue attachée à[1] vous nuire ;
Dans le fond de mon cœur vous ne pouviez pas lire.
À votre inimitié j'ai pris soin de m'offrir[2].
600   Aux bords que j'habitais je n'ai pu vous souffrir[3].
En public, en secret, contre vous déclarée,
J'ai voulu par des mers en être séparée[4] ;
J'ai même défendu, par une expresse loi,
Qu'on osât prononcer votre nom devant moi.
605   Si pourtant à l'offense on mesure la peine,
Si la haine peut seule attirer votre haine,
Jamais femme ne fut plus digne de pitié,
Et moins digne, Seigneur, de votre inimitié.

HIPPOLYTE

Des droits de ses enfants une mère jalouse
610   Pardonne rarement au fils d'une autre épouse.
Madame, je le sais. Les soupçons importuns
Sont d'un second hymen[5] les fruits les plus communs.
Toute autre aurait pour moi pris les mêmes ombrages[6],
Et j'en aurais peut-être essuyé plus d'outrages.

Notes

1. **attachée à** : acharnée à.
2. **m'offrir** : m'exposer volontairement.
3. **aux bords [...] souffrir** : sur les rivages que j'habitais, je n'ai pu vous supporter.
4. **en être séparée** : être séparée de vous (emploi du pronom *en* impossible aujourd'hui pour représenter une personne).

5. **hymen** : mariage.
6. **ombrages** : sentiments d'hostilité.

58   *Phèdre* de Jean Racine

Le Titien, *Vénus et Adonis* (1560).

PHÈDRE

615   Ah! Seigneur, que le ciel, j'ose ici l'attester,
De cette loi commune a voulu m'excepter!
Qu'un soin[1] bien différent me trouble et me dévore!

HIPPOLYTE

Madame, il n'est pas temps de vous troubler encore.
Peut-être votre époux voit encore le jour;
620   Le ciel peut à nos pleurs accorder son retour.
Neptune le protège, et ce dieu tutélaire[2]
Ne sera pas en vain imploré par mon père.

PHÈDRE

On ne voit point deux fois le rivage des morts,
Seigneur. Puisque Thésée a vu les sombres bords,
625   En vain vous espérez qu'un dieu vous le renvoie,
Et l'avare Achéron[3] ne lâche point sa proie.
Que dis-je? Il n'est point mort, puisqu'il respire en vous.
Toujours devant mes yeux je crois voir mon époux.
Je le vois, je lui parle; et mon cœur… Je m'égare,
630   Seigneur, ma folle ardeur malgré moi se déclare.

HIPPOLYTE

Je vois de votre amour l'effet prodigieux.
Tout mort qu'il est, Thésée est présent à vos yeux;
Toujours de son amour votre âme est embrasée.

PHÈDRE

Oui, Prince, je languis[4], je brûle pour Thésée.
635   Je l'aime, non point tel que l'ont vu les Enfers,
Volage[5] adorateur de mille objets[6] divers,

Notes

1. **un soin** : une préoccupation, un souci.
2. **Neptune […] ce dieu tutélaire** :
Neptune était le protecteur de Thésée.
3. **l'avare Achéron** : le fleuve des Enfers
désigne les Enfers eux-mêmes, par
métonymie. Il est «avare» parce qu'il
garde les morts pour lui.

4. **je languis** : je souffre d'amour.
5. **Volage** : inconstant.
6. **objets** : femmes aimées (dans la langue
classique).

60   *Phèdre* de Jean Racine

Qui va du dieu des Morts déshonorer la couche[1] ;
Mais fidèle, mais fier, et même un peu farouche,
Charmant, jeune, traînant tous les cœurs après soi,
640 Tel qu'on dépeint nos dieux, ou tel que je vous voi.
Il avait votre port, vos yeux, votre langage ;
Cette noble pudeur colorait son visage
Lorsque de notre Crète il traversa les flots,
Digne sujet des vœux des filles de Minos[2].
645 Que faisiez-vous alors ? Pourquoi, sans Hippolyte,
Des héros de la Grèce assembla-t-il l'élite ?
Pourquoi, trop jeune encor, ne pûtes-vous alors
Entrer dans le vaisseau qui le mit sur nos bords ?
Par vous aurait péri le monstre de la Crète,
650 Malgré tous les détours de sa vaste retraite[3].
Pour en développer l'embarras incertain[4],
Ma sœur du fil fatal[5] eût armé votre main.
Mais non, dans ce dessein je l'aurais devancée :
L'amour m'en eût d'abord[6] inspiré la pensée.
655 C'est moi, Prince, c'est moi dont l'utile secours
Vous eût du Labyrinthe enseigné les détours.
Que de soins m'eût coûtés cette tête charmante !
Un fil n'eût point assez rassuré votre amante[7].
Compagne du péril qu'il vous fallait chercher,
660 Moi-même devant vous j'aurais voulu marcher ;
Et Phèdre, au Labyrinthe avec vous descendue,
Se serait avec vous retrouvée, ou perdue.

Notes

1. Thésée était descendu aux Enfers pour aider son ami Pirithoüs à enlever Proserpine, femme de Pluton, dieu des Morts.
2. **filles de Minos** : Ariane et Phèdre.
3. **le monstre de la Crète, [...] sa vaste retraite** : le Minotaure prisonnier du Labyrinthe.
4. **Pour [...] incertain** : pour vous aider à sortir de cette situation inextricable.
5. **fil fatal** : allusion au fil donné par Ariane à Thésée.
6. **d'abord** : tout de suite, avant Ariane.
7. **votre amante** : celle qui vous aimait.

HIPPOLYTE

Dieux! qu'est-ce que j'entends? Madame, oubliez-vous
Que Thésée est mon père, et qu'il est votre époux?

PHÈDRE

665 Et sur quoi jugez-vous que j'en perds la mémoire,
Prince? Aurais-je perdu tout le soin de ma gloire[1]?

HIPPOLYTE

Madame, pardonnez. J'avoue, en rougissant,
Que j'accusais à tort un discours innocent.
Ma honte ne peut plus soutenir votre vue;
670 Et je vais…

PHÈDRE

              Ah! cruel, tu m'as trop entendue[2].
Je t'en ai dit assez pour te tirer d'erreur.
Hé bien! connais donc Phèdre et toute sa fureur[3].
J'aime. Ne pense pas qu'au moment que je t'aime,
Innocente à mes yeux, je m'approuve moi-même;
675 Ni que du fol amour qui trouble ma raison
Ma lâche complaisance ait nourri le poison.
Objet infortuné des vengeances célestes,
Je m'abhorre[4] encor plus que tu ne me détestes.
Les dieux m'en sont témoins, ces dieux qui dans mon flanc,
680 Ont allumé le feu fatal à tout mon sang,
Ces dieux qui se sont fait une gloire cruelle
De séduire[5] le cœur d'une faible mortelle.
Toi-même en ton esprit rappelle le passé.
C'est peu de t'avoir fui, cruel, je t'ai chassé.
685 J'ai voulu te paraître odieuse, inhumaine.
Pour mieux te résister, j'ai recherché ta haine.

Notes

1. **le soin de ma gloire** : le souci de mon honneur.
2. **trop entendue** : trop bien comprise.
3. **sa fureur** : sa folie amoureuse.

4. **Je m'abhorre** : je me hais.
5. **séduire** : perdre, détourner du droit chemin.

62   *Phèdre* de Jean Racine

De quoi m'ont profité mes inutiles soins ?
Tu me haïssais plus, je ne t'aimais pas moins.
Tes malheurs te prêtaient encor de nouveaux charmes[1].
690   J'ai langui, j'ai séché, dans les feux, dans les larmes.
Il suffit de tes yeux pour t'en persuader,
Si tes yeux un moment pouvaient me regarder.
Que dis-je ? Cet aveu que je te viens de faire,
Cet aveu si honteux, le crois-tu volontaire ?
695   Tremblante pour un fils que je n'osais trahir,
Je te venais prier de ne le point haïr.
Faibles projets d'un cœur trop plein de ce qu'il aime !
Hélas ! je ne t'ai pu parler que de toi-même.
Venge-toi, punis-moi d'un odieux amour.
700   Digne fils du héros qui t'a donné le jour,
Délivre l'univers d'un monstre qui t'irrite.
La veuve de Thésée ose aimer Hippolyte !
Crois-moi, ce monstre affreux ne doit point t'échapper.
Voilà mon cœur. C'est là que ta main doit frapper.
705   Impatient déjà d'expier son offense,
Au-devant de ton bras je le[2] sens qui s'avance.
Frappe. Ou si tu le crois indigne de tes coups,
Si ta haine m'envie[3] un supplice si doux,
Ou si d'un sang trop vil ta main serait trempée,
710   Au défaut de ton bras prête-moi ton épée.
Donne[4].

ŒNONE

Que faites-vous, Madame ? Justes dieux !
Mais on vient. Évitez des témoins odieux ;
Venez, rentrez, fuyez une honte certaine.

Notes

1. **charmes** : pouvoirs de séduction.
2. **le** : représente « *mon cœur* ».
3. **m'envie** : me refuse.

4. **Donne** : Phèdre arrache son épée à Hippolyte.

Œnone retenant le bras de Phèdre qui tente de se suicider avec l'épée d'Hippolyte, illustration de Girodet.

« *Connais donc Phèdre et toute sa fureur* »

Lecture analytique de la scène 5 de l'acte II (pp. 57 à 63)

La double énonciation

La double énonciation est caractéristique du langage théâtral où les personnages, lorsqu'ils parlent, s'adressent aussi au public. Elle permet également à un auteur d'exprimer son avis ou de livrer des informations au spectateur afin de lui donner une avance (ou *surplomb*) lui permettant d'anticiper sur les réactions de personnages et de comprendre les quiproquos : c'est ce qu'on appelle « l'ironie dramatique » (*cf.* p. 94).

UNE SCÈNE D'AVEU ET DE CONFRONTATION

1 Que sait-on précisément au début de la scène sur chacun des personnages (sentiments, intentions, actions) que l'autre ne sait pas ? Qu'attend-on de cette rencontre ?

2 Pour quelles raisons (intérêt et nécessité dramatiques) Œnone est-elle présente sur scène ?

3 Avec quelle intention Phèdre aborde-t-elle Hippolyte ? Par quels détours passe-t-elle pour avouer son amour ? Relevez ses propos à double sens avant cet aveu.

4 Quel est l'état d'esprit d'Hippolyte à ce moment de la pièce ? En quoi ses desseins s'opposent-ils à ceux de Phèdre ?

5 Quelles interprétations successives Hippolyte fait-il des propos de Phèdre ? À quel moment ces propos deviennent-ils clairs pour lui ? Quelle est la seule issue possible pour lui face à cet aveu ?

Questionnaire | 65

6) Hippolyte reste muet; mais comment imaginez-vous ses réactions sur scène? Sur le document, quel sentiment exprime Phèdre et de quelle façon Hippolyte réagit-il? À quel moment de la scène situez-vous cette photographie? Si l'on ignorait le contexte, comment leurs gestes pourraient-ils être interprétés?

7) Montrez les parallélismes et la différence entre cette scène et les scènes 2 et 3 de l'acte II (structure et stratégies).

Cf. document 2.

UN DÉTOUR POUR AVOUER L'INTERDIT

8) Étudiez la composition de la tirade (v. 634 à 662, pp. 60-61) d'après les modes et les temps verbaux.

9) Par quels procédés Phèdre passe-t-elle progressivement de Thésée à Hippolyte et d'Ariane à elle-même? Observez, notamment, les marques de personne et les démonstratifs.

10) Comment le récit de la descente au Labyrinthe se transforme-t-il en un fantasme et une déclaration d'amour?

UNE DÉCLARATION TRAGIQUE ET PATHÉTIQUE

11) Quel changement observez-vous dans la façon dont Phèdre s'adresse à Hippolyte au début de la dernière tirade (v. 670 à 711, pp. 62-63)?

12) Quelles sont les étapes de la montée de la «*folie violente*» de Phèdre? Relevez les marques stylistiques de la violence dans cette tirade (lexique, temps, modes, répétitions).

13) Relevez les champs lexicaux de l'amour et de la haine. Quelles conclusions en tirez-vous?

14) Quels sont les appels successifs de Phèdre à Hippolyte et quel est leur but? En quoi Phèdre provoque-t-elle notre compassion?

Plaidoyer et monologue délibératif

Le héros tragique est souvent en situation de débat, tentant de convaincre les autres ou soi-même (dans les pièces antiques grecques, ce moment de débat ou de conflit est appelé « l'*agôn*»). Son discours s'apparente, généralement, à un **plaidoyer** (discours judiciaire prononcé par un défenseur), mais, lorsque l'enjeu est une décision à prendre, on assiste plutôt à un **monologue délibératif** (où l'on pèse le pour et le contre).

15 En quoi cet aveu de Phèdre est-il un plaidoyer et de quoi veut-elle convaincre Hippolyte ? Relevez les arguments utilisés pour se justifier et ceux qui réfutent par avance les arguments d'Hippolyte.

16 Quel sens donnez-vous au mot *«monstre»* (v. 701 et 703, p. 63)? Quels champs lexicaux peut-on lui associer ?

17 En quoi le personnage de Phèdre et sa situation sont-ils tragiques ? Que peut-on attendre d'elle à la fin de cette scène ?

18 En vous appuyant sur vos réponses à ce questionnaire, rédigez un commentaire organisé montrant les obstacles rencontrés par Phèdre pour avouer son amour et les moyens mis en œuvre pour y parvenir.

SCÈNE 6

HIPPOLYTE, THÉRAMÈNE

THÉRAMÈNE

Est-ce Phèdre qui fuit, ou plutôt qu'on entraîne ?
715   Pourquoi, Seigneur, pourquoi ces marques de douleur ?
Je vous vois sans épée, interdit[1], sans couleur.

HIPPOLYTE

Théramène, fuyons. Ma surprise est extrême.
Je ne puis sans horreur me regarder moi-même.
Phèdre… Mais non, grands dieux ! qu'en un profond oubli
720   Cet horrible secret demeure enseveli.

THÉRAMÈNE

Si vous voulez partir, la voile est préparée.
Mais Athènes, Seigneur, s'est déjà déclarée.
Ses chefs ont pris les voix de toutes ses tribus[2].
Votre frère l'emporte, et Phèdre a le dessus.

HIPPOLYTE

725   Phèdre ?

THÉRAMÈNE

             Un héraut[3] chargé des volontés d'Athènes
De l'État en ses mains vient remettre les rênes.
Son fils est roi, Seigneur.

HIPPOLYTE

                 Dieux, qui la connaissez,
Est-ce donc sa vertu que vous récompensez ?

Notes

1. **interdit** : incapable de parler, bouleversé.

2. **ont pris [...] tribus** : ont consulté par vote les dix tribus d'Athènes.

3. **héraut** : messager.

THÉRAMÈNE

Cependant un bruit sourd veut que le roi respire.
On prétend que Thésée a paru dans l'Épire[1].
Mais moi qui l'y cherchai, Seigneur, je sais trop bien…

HIPPOLYTE

N'importe, écoutons tout, et ne négligeons rien.
Examinons ce bruit, remontons à sa source.
S'il ne mérite pas d'interrompre ma course[2],
Partons ; et quelque prix qu'il en puisse coûter,
Mettons le sceptre aux mains dignes de le porter[3].

---

1. **Épire** : région au nord-ouest de la Grèce, où l'on situait les Enfers.
2. **ma course** : mon départ.
3. **aux mains [...] porter** : désigne les mains d'Aricie.

La Champmeslé dans le rôle de Phèdre.

Acte III

SCÈNE 1

Phèdre, Œnone

Phèdre
Ah! que l'on porte ailleurs les honneurs[1] qu'on m'envoie.
Importune, peux-tu souhaiter qu'on me voie?
De quoi viens-tu flatter[2] mon esprit désolé?
740 Cache-moi bien plutôt: je n'ai que trop parlé.
Mes fureurs au-dehors ont osé se répandre.
J'ai dit ce que jamais on ne devait entendre[3].
Ciel! comme il m'écoutait! Par combien de détours
L'insensible a longtemps éludé mes discours!
745 Comme il ne respirait qu'une retraite prompte[4]!
Et combien sa rougeur a redoublé ma honte!
Pourquoi détournais-tu mon funeste dessein[5]?
Hélas! quand son épée allait chercher mon sein,
A-t-il pâli pour moi? me l'a-t-il arrachée?
750 Il suffit que ma main l'ait une fois touchée,

Notes
1. **honneurs**: attributs royaux.
2. **flatter**: tromper par des conseils flatteurs.
3. **on ne devait entendre**: on n'aurait dû entendre.
4. **ne respirait qu'une retraite prompte**: n'aspirait qu'à partir rapidement.
5. **mon funeste dessein**: mon projet de me tuer.

Je l'ai rendue horrible à ses yeux inhumains ;
Et ce fer malheureux profanerait ses mains.

ŒNONE

Ainsi, dans vos malheurs ne songeant qu'à vous plaindre,
Vous nourrissez un feu qu'il vous faudrait éteindre.
755 Ne vaudrait-il pas mieux, digne sang de Minos,
Dans de plus nobles soins[1] chercher votre repos,
Contre un ingrat qui plaît[2] recourir à la fuite,
Régner[3], et de l'État embrasser la conduite[4] ?

PHÈDRE

Moi régner ! Moi ranger un État sous ma loi,
760 Quand ma faible raison ne règne plus sur moi ;
Lorsque j'ai de mes sens abandonné l'empire[5],
Quand sous un joug[6] honteux à peine je respire,
Quand je me meurs !

ŒNONE

Fuyez.

PHÈDRE

Je ne le puis quitter.

ŒNONE

Vous l'osâtes bannir, vous n'osez l'éviter !

PHÈDRE

765 Il n'est plus temps. Il sait mes ardeurs[7] insensées.
De l'austère pudeur les bornes sont passées.
J'ai déclaré ma honte aux yeux de mon vainqueur,
Et l'espoir, malgré moi, s'est glissé dans mon cœur.
Toi-même, rappelant ma force défaillante,

1. **soins** : préoccupations.
2. **qui plaît** : qui aime, qui veut.
3. **Contre un ingrat [...] Régner** : régner contre un ingrat qui se plaît à recourir à la fuite.
4. **de l'État embrasser la conduite** : se consacrer à la direction de l'État.
5. **l'empire** : le contrôle.
6. **un joug** : une domination.
7. **ardeurs** : passion.

72 | *Phèdre* de Jean Racine

770   Et mon âme déjà sur mes lèvres errante[1],
       Par tes conseils flatteurs, tu m'as su ranimer.
       Tu m'as fait entrevoir que je pouvais l'aimer.

ŒNONE

       Hélas! de vos malheurs innocente ou coupable[2],
       De quoi pour vous sauver n'étais-je point capable?
775   Mais si jamais l'offense irrita vos esprits[3],
       Pouvez-vous d'un superbe[4] oublier les mépris?
       Avec quels yeux cruels sa rigueur obstinée
       Vous laissait à ses pieds peu s'en faut[5] prosternée!
       Que son farouche orgueil le rendait odieux!
780   Que[6] Phèdre en ce moment n'avait-elle mes yeux!

PHÈDRE

       Œnone, il peut quitter cet orgueil qui te blesse.
       Nourri[7] dans les forêts, il en a la rudesse.
       Hippolyte, endurci par de sauvages lois,
       Entend parler d'amour pour la première fois.
785   Peut-être sa surprise a causé son silence;
       Et nos plaintes peut-être ont trop de violence.

ŒNONE

       Songez qu'une Barbare[8] en son sein l'a formé.

PHÈDRE

       Quoique scythe[9] et barbare, elle a pourtant aimé.

Notes

1. **Et mon âme [...] errante** : et mon âme déjà prête à quitter mon corps.
2. **innocente ou coupable** : adjectifs épithètes détachés de «*vous*» au vers suivant («Que vous soyez innocente ou coupable de vos malheurs, de quoi n'étais-je point capable pour vous sauver?»).
3. **Mais si jamais l'offense irrita vos esprits** : s'il vous est jamais arrivé d'être irritée par une offense.

4. **superbe** : orgueilleux.
5. **peu s'en faut** : presque.
6. **Que** : pourquoi (exprime le regret).
7. **Nourri** : élevé.
8. **une Barbare** : l'Amazone Antiope.
9. **scythe** : les Scythes étaient un peuple de la mer Noire célèbre pour sa barbarie.

ŒNONE

Il a pour tout le sexe[1] une haine fatale.

PHÈDRE

790 Je ne me verrai point préférer de rivale.
Enfin tous tes conseils ne sont plus de saison.
Sers ma fureur[2], Œnone, et non point ma raison.
Il oppose à l'amour un cœur inaccessible :
Cherchons pour l'attaquer quelque endroit plus sensible.
795 Les charmes d'un empire ont paru le toucher ;
Athènes l'attirait ; il n'a pu s'en cacher ;
Déjà de ses vaisseaux la pointe était tournée,
Et la voile flottait aux vents abandonnée.
Va trouver de ma part ce jeune ambitieux,
800 Œnone ; fais briller la couronne à ses yeux,
Qu'il mette sur son front le sacré diadème ;
Je ne veux que l'honneur de l'attacher moi-même.
Cédons-lui ce pouvoir que je ne puis garder.
Il instruira mon fils dans l'art de commander.
805 Peut-être il voudra bien lui tenir lieu de père.
Je mets sous son pouvoir et le fils et la mère.
Pour le fléchir enfin tente tous les moyens ;
Tes discours trouveront plus d'accès que les miens.
Presse, pleure, gémis ; plains-lui Phèdre mourante ;
810 Ne rougis point de prendre une voix suppliante.
Je t'avouerai de tout[3] ; je n'espère qu'en toi.
Va : j'attends ton retour pour disposer de moi.

Notes

1. **tout le sexe** : toutes les femmes.
2. **fureur** : passion.

3. **Je t'avouerai de tout** : je te soutiendrai en tout.

74 | *Phèdre* de Jean Racine

SCÈNE 2

PHÈDRE, *seule*

Ô toi, qui vois la honte où je suis descendue,
Implacable Vénus, suis-je assez confondue[1] ?
315 Tu ne saurais plus loin pousser ta cruauté.
Ton triomphe est parfait, tous les traits ont porté.
Cruelle, si tu veux une gloire nouvelle,
Attaque un ennemi qui te soit plus rebelle.
Hippolyte te fuit ; et bravant ton courroux,
320 Jamais à tes autels n'a fléchi les genoux.
Ton nom semble offenser ses superbes oreilles.
Déesse, venge-toi : nos causes sont pareilles.
Qu'il aime ! Mais déjà tu reviens sur tes pas.
Œnone ! On[2] me déteste, on ne t'écoute pas.

SCÈNE 3

PHÈDRE, ŒNONE

ŒNONE
825 Il faut d'un vain amour[3] étouffer la pensée,
Madame. Rappelez votre vertu passée :
Le roi, qu'on a cru mort, va paraître à vos yeux ;
Thésée est arrivé, Thésée est en ces lieux.
Le peuple, pour le voir, court et se précipite.
830 Je sortais par votre ordre, et cherchais Hippolyte,
Lorsque jusques au ciel mille cris élancés[4]…

---

1. **confondue** : humiliée.
2. **On** : pronom qui désigne Hippolyte.
3. **un vain amour** : un amour impossible.
4. **élancés** : poussés.

PHÈDRE

Mon époux est vivant, Œnone, c'est assez.
J'ai fait l'indigne aveu d'un amour qui l'outrage ;
Il vit : je ne veux pas en savoir davantage.

ŒNONE

835   Quoi ?

PHÈDRE

Je te l'ai prédit ; mais tu n'as pas voulu.
Sur mes justes remords tes pleurs ont prévalu.
Je mourais[1] ce matin digne d'être pleurée ;
J'ai suivi tes conseils, je meurs déshonorée.

ŒNONE

Vous mourez ?

PHÈDRE

Juste ciel ! qu'ai-je fait aujourd'hui ?
840   Mon époux va paraître, et son fils avec lui.
Je verrai le témoin de ma flamme adultère[2]
Observer de quel front[3] j'ose aborder son père,
Le cœur gros de soupirs qu'il n'a point écoutés,
L'œil humide de pleurs par l'ingrat rebutés[4].
845   Penses-tu que, sensible à l'honneur de Thésée,
Il lui cache l'ardeur dont je suis embrasée ?
Laissera-t-il trahir et son père et son roi ?
Pourra-t-il contenir l'horreur qu'il a pour moi ?
Il se tairait en vain. Je sais mes perfidies[5],
850   Œnone, et ne suis point de ces femmes hardies[6]
Qui goûtant dans le crime une tranquille paix,
Ont su se faire un front qui ne rougit jamais.

Notes

1. **Je mourais** : je serais morte.
2. **ma flamme adultère** : mon amour infidèle.
3. **de quel front** : avec quelle attitude.

4. **par l'ingrat rebutés** : repoussés par l'ingrat (« qui n'a pas répondu à mon amour »).
5. **perfidies** : trahisons envers la fidélité.
6. **hardies** : impudentes, sans scrupule.

76   *Phèdre* de Jean Racine

Je connais mes fureurs, je les rappelle toutes[1].
Il me semble déjà que ces murs, que ces voûtes
Vont prendre la parole, et prêts à m'accuser,
Attendent mon époux pour le désabuser.
Mourons. De tant d'horreurs qu'un trépas me délivre.
Est-ce un malheur si grand que de cesser de vivre ?
La mort aux malheureux ne cause point d'effroi.
Je ne crains que le nom[2] que je laisse après moi.
Pour mes tristes[3] enfants quel affreux héritage !
Le sang de Jupiter doit enfler leur courage[4] ;
Mais quelque juste orgueil qu'inspire un sang si beau,
Le crime d'une mère est un pesant fardeau.
Je tremble qu'un discours, hélas ! trop véritable,
Un jour ne leur reproche une mère coupable.
Je tremble qu'opprimés de ce poids odieux
L'un ni l'autre jamais n'ose lever les yeux.

ŒNONE

Il n'en faut point douter, je les plains l'un et l'autre.
Jamais crainte ne fut plus juste que la vôtre.
Mais à de tels affronts pourquoi les exposer ?
Pourquoi contre vous-même allez-vous déposer[5] ?
C'en est fait : on dira que Phèdre, trop coupable,
De son époux trahi fuit l'aspect redoutable.
Hippolyte est heureux qu'aux dépens de vos jours
Vous-même en expirant appuyez[6] ses discours.
À votre accusateur que pourrai-je répondre ?
Je serai devant lui trop facile à confondre.
De son triomphe affreux je le verrai jouir,

1. **je les rappelle toutes** : je me les rappelle toutes, j'en ai conscience.
2. **le nom** : la réputation.
3. **tristes** : malheureux.
4. **enfler leur courage** : augmenter leur orgueil (car Jupiter est leur ancêtre).
5. **déposer** : faire une déposition, témoigner (en justice).
6. **appuyez** : confirmiez.

Acte III, Scène 3 | 77

880 Et conter votre honte à qui voudra l'ouïr.
Ah ! que plutôt du ciel la flamme me dévore !
Mais ne me trompez point, vous est-il cher encore ?
De quel œil voyez-vous ce prince audacieux ?

PHÈDRE

Je le vois comme un monstre effroyable à mes yeux.

ŒNONE

885 Pourquoi donc lui céder une victoire entière ?
Vous le craignez. Osez l'accuser la première
Du crime dont il peut vous charger aujourd'hui.
Qui vous démentira ? Tout parle contre lui :
Son épée en vos mains heureusement laissée[1],
890 Votre trouble présent, votre douleur passée,
Son père par vos cris dès longtemps prévenu[2],
Et déjà son exil par vous-même obtenu.

PHÈDRE

Moi, que j'ose opprimer et noircir[3] l'innocence !

ŒNONE

Mon zèle n'a besoin que de votre silence.
895 Tremblante comme vous, j'en sens quelque remords.
Vous me verriez plus prompte affronter mille morts.
Mais puisque je vous perds sans ce triste[4] remède,
Votre vie est pour moi d'un prix à qui tout cède.
Je parlerai. Thésée, aigri[5] par mes avis,
900 Bornera sa vengeance à l'exil de son fils.
Un père en punissant, Madame, est toujours père :
Un supplice léger suffit à sa colère.

Notes

1. **heureusement laissée** : laissée par
bonheur, par chance.
2. **par vos cris dès longtemps prévenu** :
depuis longtemps mal disposé à son égard
par vos plaintes.

3. **noircir** : diffamer.
4. **triste** : mortel, funeste.
5. **aigri** : irrité.

78 *Phèdre* de Jean Racine

Mais le sang innocent dût-il être versé,
Que ne demande point votre honneur menacé ?
905 C'est un trésor trop cher pour oser le commettre¹.
Quelque loi qu'il vous dicte, il faut vous y soumettre,
Madame ; et pour sauver notre honneur combattu²,
Il faut immoler³ tout, et même la vertu.
On vient ; je vois Thésée.

PHÈDRE

                    Ah ! je vois Hippolyte ;
910 Dans ses yeux insolents je vois ma perte écrite.
Fais ce que tu voudras, je m'abandonne à toi.
Dans le trouble⁴ où je suis, je ne puis rien pour moi.

SCÈNE 4

THÉSÉE, HIPPOLYTE, PHÈDRE, ŒNONE, THÉRAMÈNE

THÉSÉE

La fortune⁵ à mes vœux⁶ cesse d'être opposée,
Madame ; et dans vos bras met…

PHÈDRE

                    Arrêtez, Thésée,
915 Et ne profanez point des transports⁷ si charmants.
Je ne mérite plus ces doux empressements.
Vous êtes offensé. La fortune jalouse
N'a pas en votre absence épargné votre épouse.
Indigne de vous plaire et de vous approcher,
920 Je ne dois désormais songer qu'à me cacher.

---

1. **le commettre** : le risquer, l'exposer.
2. **combattu** : menacé.
3. **immoler** : sacrifier.
4. **le trouble** : le désarroi, l'affolement.
5. **La fortune** : le destin.
6. **vœux** : désirs amoureux.
7. **transports** : manifestations d'amour.

SCÈNE 5

Thésée, Hippolyte, Théramène

Thésée
Quel est l'étrange accueil qu'on fait à votre père,
Mon fils ?

Hippolyte
           Phèdre peut seule expliquer ce mystère.
Mais si mes vœux ardents vous peuvent émouvoir,
Permettez-moi, Seigneur, de ne la plus revoir.
925 Souffrez que pour jamais le tremblant Hippolyte
Disparaisse des lieux que votre épouse habite.

Thésée
Vous, mon fils, me quitter ?

Hippolyte
                    Je ne la cherchais pas :
C'est vous qui sur ces bords conduisîtes ses pas,
Vous daignâtes, Seigneur, aux rives de Trézène[1]
930 Confier en partant Aricie et la reine.
Je fus même chargé du soin de les garder.
Mais quels soins[2] désormais peuvent me retarder ?
Assez dans les forêts mon oisive jeunesse
Sur de vils ennemis a montré son adresse.
935 Ne pourrai-je, en fuyant un indigne repos,
D'un sang plus glorieux teindre mes javelots ?
Vous n'aviez pas encore atteint l'âge où je touche,
Déjà plus d'un tyran, plus d'un monstre farouche[3]
Avait de votre bras senti la pesanteur ;

---

1. Trézène : port du Péloponnèse où Thésée était venu se reposer après le massacre des Pallantides, frères d'Aricie. C'est là que se passe la pièce.

2. quels soins : quelles obligations.
3. farouche : féroce.

80 | *Phèdre* de Jean Racine

Thésée ne comprenant pas ce qui fait fuir sa famille, illustration de Girodet.

940 Déjà, de l'insolence heureux persécuteur[1],
Vous aviez des deux mers assuré les rivages[2].
Le libre voyageur ne craignait plus d'outrages ;
Hercule, respirant sur le bruit de vos coups[3],
Déjà de son travail se reposait sur vous.
945 Et moi, fils inconnu d'un si glorieux père,
Je suis même encor loin des traces de ma mère.
Souffrez que mon courage ose enfin s'occuper.
Souffrez, si quelque monstre a pu vous échapper,
Que j'apporte à vos pieds sa dépouille honorable ;
950 Ou que d'un beau trépas la mémoire durable,
Éternisant des jours si noblement finis,
Prouve à tout l'univers que j'étais votre fils.

THÉSÉE

Que vois-je ? Quelle horreur dans ces lieux répandue
Fait fuir devant mes yeux ma famille éperdue ?
955 Si je reviens si craint et si peu désiré,
Ô ciel, de ma prison pourquoi m'as-tu tiré ?
Je n'avais qu'un ami[4]. Son imprudente flamme
Du tyran de l'Épire allait ravir la femme,
Je servais à regret ses desseins amoureux ;
960 Mais le sort irrité nous aveuglait tous deux.
Le tyran m'a surpris sans défense et sans armes.
J'ai vu Pirithoüs, triste objet de mes larmes,
Livré par ce barbare à des monstres cruels[5]
Qu'il nourrissait du sang des malheureux mortels.
965 Moi-même, il m'enferma dans des cavernes sombres,
Lieux profonds, et voisins de l'empire des ombres.

Notes

1. heureux persécuteur : qui a pourchassé avec succès, heureux vainqueur.
2. des deux mers assuré les rivages : rendu sûrs les rivages des deux mers (la mer Ionienne et la mer Égée).

3. Hercule, [...] vos coups : Hercule, soulagé par l'annonce de vos exploits.
4. un ami : Pirithoüs.
5. des monstres cruels : le tyran fit dévorer Pirithoüs par ses chiens.

Les dieux, après six mois, enfin m'ont regardé[1] :
J'ai su tromper les yeux de qui j'étais gardé[2].
D'un perfide ennemi j'ai purgé[3] la nature ;
À ses monstres lui-même a servi de pâture ;
Et lorsque avec transport je pense m'approcher
De tout ce que les dieux m'ont laissé de plus cher ;
Que dis-je ? quand mon âme, à soi-même rendue,
Vient se rassasier d'une si chère vue,
Je n'ai pour tout accueil que des frémissements :
Tout fuit, tout se refuse à mes embrassements.
Et moi-même, éprouvant la terreur que j'inspire,
Je voudrais être encor dans les prisons d'Épire.
Parlez. Phèdre se plaint que je suis outragé.
Qui m'a trahi ? Pourquoi ne suis-je pas vengé ?
La Grèce, à qui mon bras fut tant de fois utile,
A-t-elle au criminel accordé quelque asile ?
Vous ne répondez point. Mon fils, mon propre fils
Est-il d'intelligence avec[4] mes ennemis ?
Entrons. C'est trop garder un doute qui m'accable.
Connaissons à la fois le crime et le coupable.
Que Phèdre explique enfin le trouble où je la voi.

SCÈNE 6

Hippolyte, Théramène

Hippolyte

Où tendait ce discours qui m'a glacé d'effroi ?
Phèdre, toujours en proie à sa fureur extrême,
Veut-elle s'accuser et se perdre elle-même ?

1. **m'ont regardé** : se sont intéressés à moi.
2. **de qui j'étais gardé** : de ceux par qui j'étais gardé.
3. **purgé** : débarrassé.
4. **d'intelligence avec** : de connivence avec.

Dieu! que dira le roi? Quel funeste[1] poison
L'amour a répandu sur toute sa maison!
Moi-même, plein d'un feu que sa haine réprouve[2],
Quel il m'a vu jadis, et quel[3] il me retrouve!
995 De noirs pressentiments viennent m'épouvanter.
Mais l'innocence enfin n'a rien à redouter.
Allons, cherchons ailleurs par quelle heureuse adresse[4]
Je pourrai de mon père émouvoir la tendresse,
Et lui dire un amour qu'il peut vouloir troubler,
1000 Mais que tout son pouvoir ne saurait ébranler.

Notes

1. **funeste** : mortel.
2. **plein [...] réprouve** : plein d'un amour (pour Aricie) interdit par la haine de Thésée.

3. **Quel [...] quel** : dans quel état. Les 2 « *quel* » s'opposent, marquant le changement d'Hippolyte.
4. **adresse** : moyen ingénieux.

Acte IV

SCÈNE 1

Thésée, Œnone

Thésée
Ah! qu'est-ce que j'entends[1]? Un traître, un téméraire
Préparait cet outrage à l'honneur de son père?
Avec quelle rigueur, destin, tu me poursuis!
Je ne sais où je vais, je ne sais où je suis.
1005 Ô tendresse! ô bonté trop mal récompensée!
Projet audacieux! détestable pensée!
Pour parvenir au but de ses noires amours,
L'insolent de la force empruntait le secours.
J'ai reconnu le fer, instrument de sa rage[2],
1010 Ce fer dont je l'armai pour un plus noble usage.
Tous les liens du sang n'ont pu le retenir!
Et Phèdre différait à le faire punir!
Le silence de Phèdre épargnait le coupable!

---

1. **j'entends** : j'apprends.
2. **le fer, instrument de sa rage** : l'épée (d'Hippolyte, arrachée et gardée par Phèdre), instrument de sa passion violente.

ŒNONE

Phèdre épargnait plutôt un père déplorable[1].
1015 Honteuse du dessein d'un amant furieux[2]
Et du feu criminel qu'il a pris dans ses yeux[3],
Phèdre mourait, Seigneur, et sa main meurtrière
Éteignait de ses yeux l'innocente lumière.
J'ai vu lever le bras, j'ai couru la sauver.
1020 Moi seule à votre amour j'ai su la conserver ;
Et plaignant à la fois son trouble et vos alarmes[4],
J'ai servi, malgré moi, d'interprète à ses larmes.

THÉSÉE

Le perfide ! Il n'a pu s'empêcher de pâlir.
De crainte, en m'abordant, je l'ai vu tressaillir.
1025 Je me suis étonné de son peu d'allégresse ;
Ses froids embrassements ont glacé ma tendresse.
Mais ce coupable amour dont il est dévoré,
Dans Athènes déjà s'était-il déclaré ?

ŒNONE

Seigneur, souvenez-vous des plaintes de la reine.
1030 Un amour criminel causa toute sa haine.

THÉSÉE

Et ce feu dans Trézène a donc recommencé ?

ŒNONE

Je vous ai dit, Seigneur, tout ce qui s'est passé.
C'est trop laisser la reine à sa douleur mortelle ;
Souffrez que je vous quitte et me range[5] auprès d'elle.

Notes

1. **déplorable** : qui mérite d'être plaint.
2. **dessein d'un amant furieux** : tentative d'un amoureux fou de passion.
3. **qu'il a pris dans ses yeux** : qui l'a saisi à sa vue.

4. **alarmes** : inquiétudes.
5. **me range** : reprenne ma place.

86 | *Phèdre* de Jean Racine

SCÈNE 2

THÉSÉE, HIPPOLYTE

THÉSÉE

1035 Ah! le voici. Grands dieux! à ce noble maintien
Quel œil ne serait pas trompé comme le mien?
Faut-il que sur le front d'un profane adultère[1]
Brille de la vertu le sacré caractère[2]?
Et ne devrait-on pas à des signes certains
1040 Reconnaître le cœur des perfides humains?

HIPPOLYTE

Puis-je vous demander quel funeste[3] nuage,
Seigneur, a pu troubler votre auguste[4] visage?
N'osez-vous confier ce secret à ma foi[5]?

THÉSÉE

Perfide, oses-tu bien te montrer devant moi?
1045 Monstre, qu'a trop longtemps épargné le tonnerre,
Reste impur des brigands dont j'ai purgé la terre!
Après que le transport d'un amour plein d'horreur
Jusqu'au lit de ton père a porté sa fureur[6],
Tu m'oses présenter une tête[7] ennemie,
1050 Tu parais dans des lieux pleins de ton infamie,
Et ne vas pas chercher, sous un ciel inconnu,
Des pays où mon nom ne soit point parvenu!
Fuis, traître. Ne viens point braver ici ma haine
Et tenter[8] un courroux que je retiens à peine[9].
1055 C'est bien assez pour moi de l'opprobre[10] éternel

Notes

1. **un profane adultère** : un homme qui, par l'adultère, a souillé les liens sacrés du mariage.
2. **de la vertu [...] caractère** : la marque sacrée de la vertu.
3. **funeste** : mortel, de mauvais augure.
4. **auguste** : vénérable.
5. **foi** : loyauté.
6. **fureur** : passion folle.
7. **tête** : personne.
8. **tenter** : mettre à l'épreuve.
9. **à peine** : avec peine.
10. **l'opprobre** : la honte.

D'avoir pu mettre au jour un fils si criminel,
Sans que ta mort encor, honteuse à ma mémoire,
De mes nobles travaux[1] vienne souiller la gloire,
Fuis ; et si tu ne veux qu'un châtiment soudain
1060 T'ajoute aux scélérats qu'a punis cette main,
Prends garde que jamais l'astre qui nous éclaire
Ne te voie en ces lieux mettre un pied téméraire.
Fuis, dis-je ; et sans retour précipitant tes pas,
De ton horrible aspect purge[2] tous mes États.
1065 Et toi, Neptune, et toi, si jadis mon courage
D'infâmes assassins nettoya ton rivage,
Souviens-toi que pour prix de mes efforts heureux,
Tu promis d'exaucer le premier de mes vœux.
Dans les longues rigueurs d'une prison cruelle.
1070 Je n'ai point imploré ta puissance immortelle.
Avare du secours[3] que j'attends de tes soins,
Mes vœux t'ont réservé pour de plus grands besoins.
Je t'implore aujourd'hui. Venge un malheureux père.
J'abandonne ce traître à toute ta colère ;
1075 Étouffe dans son sang ses désirs effrontés :
Thésée à tes fureurs connaîtra[4] tes bontés.

HIPPOLYTE
D'un amour criminel Phèdre accuse Hippolyte !
Un tel excès d'horreur rend mon âme interdite[5] ;
Tant de coups imprévus m'accablent à la fois,
1080 Qu'ils m'ôtent la parole et m'étouffent la voix.

THÉSÉE
Traître, tu prétendais qu'en un lâche silence
Phèdre ensevelirait ta brutale insolence.

Notes

1. **nobles travaux** : exploits.
2. **purge** : débarrasse.
3. **Avare du secours** : ayant gardé précieusement l'occasion de demander ton secours.
4. **connaîtra** : reconnaîtra.
5. **interdite** : stupéfaite.

Il fallait, en fuyant, ne pas abandonner
Le fer qui dans ses mains aide à te condamner ;
Ou plutôt il fallait, comblant[1] ta perfidie,
Lui ravir tout d'un coup[2] la parole et la vie.

HIPPOLYTE

D'un mensonge si noir justement irrité,
Je devrais faire ici parler la vérité,
Seigneur ; mais je supprime[3] un secret qui vous touche.
Approuvez le respect qui me ferme la bouche ;
Et sans vouloir vous-même augmenter vos ennuis[4],
Examinez ma vie, et songez qui je suis.
Quelques crimes toujours précèdent les grands crimes.
Quiconque a pu franchir les bornes légitimes[5]
Peut violer enfin[6] les droits les plus sacrés ;
Ainsi que la vertu, le crime a ses degrés ;
Et jamais on n'a vu la timide innocence
Passer subitement à l'extrême licence[7].
Un jour seul ne fait point d'un mortel vertueux
Un perfide assassin, un lâche incestueux.
Élevé dans le sein d'une chaste héroïne,
Je n'ai point de son sang démenti l'origine.
Pitthée, estimé sage entre tous les humains,
Daigna m'instruire encore au sortir de ses mains[8].
Je ne veux point me peindre avec trop d'avantage ;
Mais si quelque vertu m'est tombée en partage,
Seigneur, je crois surtout avoir fait éclater[9]

Notes

1. **comblant** : achevant, mettant le comble à.
2. **tout d'un coup** : d'un même coup, ensemble.
3. **supprime** : tais.
4. **ennuis** : tourments (sens fort).
5. **bornes légitimes** : limites fixées par les lois.
6. **enfin** : à la fin.
7. **à l'extrême licence** : au comble de la débauche.
8. **au sortir de ses mains** : quand je sortis des mains d'Antiope (la chaste héroïne).
9. **avoir fait éclater** : avoir manifesté publiquement.

La haine des forfaits qu'on ose m'imputer.
C'est par là qu'Hippolyte est connu dans la Grèce.
1110 J'ai poussé la vertu jusques à la rudesse.
On sait de mes chagrins[1] l'inflexible rigueur.
Le jour n'est pas plus pur que le fond de mon cœur.
Et l'on veut qu'Hippolyte, épris d'un feu profane...

THÉSÉE

Oui, c'est ce même orgueil, lâche ! qui te condamne.
1115 Je vois de tes froideurs le principe[2] odieux :
Phèdre seule charmait[3] tes impudiques yeux ;
Et pour tout autre objet[4] ton âme indifférente
Dédaignait de brûler d'une flamme innocente.

HIPPOLYTE

Non, mon père, ce[5] cœur, c'est trop vous le celer[6],
1120 N'a point d'un chaste amour dédaigné de brûler.
Je confesse à vos pieds ma véritable offense.
J'aime, j'aime, il est vrai, malgré votre défense.
Aricie à ses lois tient mes vœux asservis[7] ;
La fille de Pallante a vaincu votre fils.
1125 Je l'adore, et mon âme, à vos ordres rebelle,
Ne peut ni soupirer ni brûler que pour elle.

THÉSÉE

Tu l'aimes ? ciel ! Mais non, l'artifice est grossier.
Tu te feins criminel pour te justifier.

HIPPOLYTE

Seigneur, depuis six mois je l'évite, et je l'aime :
1130 Je venais en tremblant vous le dire à vous-même.
Hé quoi ? de votre erreur rien ne vous peut tirer ?

Notes

1. **de mes chagrins** : de ma vertu austère.
2. **le principe** : la cause, la source.
3. **charmait** : attirait (comme un charme magique).
4. **objet** : femme.
5. **ce** : mon.
6. **celer** : cacher.
7. **Aricie [...] asservis** : Aricie tient mon amour captif.

90 | *Phèdre* de Jean Racine

Par quel affreux[1] serment faut-il vous rassurer ?
Que la terre, le ciel, que toute la nature…

THÉSÉE

Toujours les scélérats ont recours au parjure.
135   Cesse, cesse, et m'épargne un importun discours,
Si ta fausse vertu n'a point d'autre secours.

HIPPOLYTE

Elle vous paraît fausse et pleine d'artifice.
Phèdre au fond de son cœur me rend plus de justice.

THÉSÉE

Ah ! que ton impudence excite mon courroux !

HIPPOLYTE

140   Quel temps à mon exil, quel lieu prescrivez-vous ?

THÉSÉE

Fusses-tu par-delà les colonnes d'Alcide[2],
Je me croirais encor trop voisin d'un perfide.

HIPPOLYTE

Chargé du crime affreux dont vous me soupçonnez,
Quels amis me plaindront, quand vous m'abandonnez ?

THÉSÉE

1145   Va chercher des amis dont l'estime funeste
Honore l'adultère, applaudisse à l'inceste ;
Des traîtres, des ingrats, sans honneur et sans loi,
Dignes de protéger un méchant[3] tel que toi.

HIPPOLYTE

Vous me parlez toujours d'inceste et d'adultère !
1150   Je me tais. Cependant Phèdre sort d'une mère,

Notes

1. affreux : terrible.
2. les colonnes d'Alcide : les colonnes d'Hercule (ou détroit de Gibraltar), limite extrême des voyages d'Hercule,
considérées, dans l'Antiquité, comme le bord du monde.
3. méchant : scélérat.

Phèdre est d'un sang, Seigneur, vous le savez trop bien,
De toutes ces horreurs plus rempli que le mien.

THÉSÉE

Quoi! ta rage à mes yeux perd toute retenue?
Pour la dernière fois, ôte-toi de ma vue;
Sors, traître. N'attends pas qu'un père furieux
Te fasse avec opprobre[1] arracher de ces lieux.

Note

1. **avec opprobre** : de manière infamante.

92 | *Phèdre* de Jean Racine

«Fuis, traître»

Lecture analytique de la scène 2 de l'acte IV (pp. 87 à 92)

Tirade et stichomythie

Les longueurs respectives des prises de parole manifestent les rapports de force entre les personnages.
- La **tirade** est une réplique longue et éloquente, fréquente dans la tragédie. Les très longues tirades contiennent un récit ou développent une thèse.
- La **stichomythie** est un échange très bref (de 1 vers ou moins) et tendu, marquant le sommet d'un affrontement.

UNE SCÈNE D'AFFRONTEMENT
ENTRE PÈRE ET FILS

1 Que révèlent les premières répliques de chaque personnage sur l'autre et sur ses propres sentiments?

2 Quelles sont les 3 étapes de la scène? En quoi l'évolution de la longueur des répliques montre-t-elle celle de la relation entre les personnages?

3 Aux vers 1035 à 1076 (pp. 87-88), quels sentiments différents s'expriment successivement à travers la colère de Thésée? Relevez les procédés syntaxiques et lexicaux de l'expression de la colère (mot central, mode verbal, répétitions, types de phrases, oppositions de champs lexicaux).

4 Montrez en quoi la tirade de Thésée (v. 1044 à 1076, pp. 87-88) a une composition semblable à celle d'un procès (réquisitoire, condamnation, aggravation de la sentence).

Questionnaire | 93

5 Quelle est l'importance dramatique des paroles prononcées aux vers 1065 à 1076 (p. 88), confirmée au vers 1160 de la scène 3 (p. 96)? En quoi consiste, ici, l'acte de parole*?

6 Montrez la progression de la défense d'Hippolyte dans la scène. En quoi les vers 1087 à 1113 (pp. 89-90) sont-ils un plaidoyer*? Quels arguments Hippolyte n'emploie-t-il pas et pourquoi?

7 Pourquoi sa défense est-elle inefficace? En quoi sa situation est-elle pathétique?

* Acte de parole : moyens mis en œuvre par un locuteur pour agir verbalement (informer, inciter, demander, convaincre) sur son interlocuteur.

* Plaidoyer : discours prononcé par un avocat pour défendre une personne ou une cause.

L'AVEUGLEMENT TRAGIQUE

Ironie tragique et ironie dramatique

• **Ironie tragique :** situation dans laquelle un personnage, victime de son ignorance, prononce des paroles qui se retournent contre lui ; cette ironie insiste sur la fatalité qui pèse sur ce personnage.

• **Ironie dramatique :** écart entre l'ignorance d'un personnage et ce que savent un autre personnage (qui peut donc prononcer des paroles ambiguës) et/ou les spectateurs (qui peuvent donc saisir le double sens et l'ironie tragique des propos tenus).

8 Au début de la scène, que sait-on de plus que les personnages sur la situation et les sentiments des protagonistes eux-mêmes?

9 Quel indice a convaincu Thésée de la culpabilité de son fils? Comment Hippolyte lui suggère-t-il une autre interprétation des faits dont il l'accuse? Quelle position a le spectateur?

10 En quoi peut-on parler d'« ironie tragique » dans les propos de Thésée aux vers 1039-1040 (p. 87)?

94 | *Phèdre* de Jean Racine

11 Quel sens donnez-vous à l'exclamation *« ciel »* (v. 1127, p. 90) ? Pourquoi Thésée reste-t-il aveuglé après ce cri ?

12 À quelle partie de la scène correspond, selon vous, cette photographie ? Justifiez votre choix.

Cf. document 3.

Thésée : un héros mythologique

13 Comment Thésée introduit-il, dans cette tirade, un espace et un temps qui lui sont propres ?

14 En quoi et par quels procédés apparaît-il ici comme un héros ? Quel registre domine alors ?

15 Quel sens a le terme *« Monstre »* (v. 1045, p. 87) pour Thésée dans sa carrière héroïque ? Qui avait déjà qualifié Hippolyte ainsi ? En quoi consiste, selon chacun d'eux, la monstruosité d'Hippolyte ? Où réside l'ironie tragique ?

16 Quel rôle Thésée fait-il jouer à Neptune ? Qui avait déjà adressé une prière à une autre divinité et pourquoi ? De qui les dieux sont-ils les alliés dans la pièce ?

17 En vous appuyant sur vos réponses à ce questionnaire, rédigez un commentaire organisé exposant en quoi cette scène montre l'échec de la défense d'un fils face à la colère et à l'aveuglement progressif de son père ?

SCÈNE 3

THÉSÉE, *seul*

Misérable, tu cours à ta perte infaillible.
Neptune, par le fleuve aux dieux mêmes terrible[1],
M'a donné sa parole, et va l'exécuter.
1160 Un dieu vengeur te suit, tu ne peux l'éviter.
Je t'aimais ; et je sens que malgré ton offense
Mes entrailles pour toi se troublent[2] par avance.
Mais à te condamner tu m'as trop engagé[3].
Jamais père en effet fut-il plus outragé ?
1165 Justes dieux, qui voyez la douleur qui m'accable,
Ai-je pu mettre au jour un enfant si coupable ?

SCÈNE 4

PHÈDRE, THÉSÉE

PHÈDRE
Seigneur, je viens à vous, pleine d'un juste effroi.
Votre voix redoutable a passé[4] jusqu'à moi.
Je crains qu'un prompt effet n'ait suivi la menace.
1170 S'il en est temps encore, épargnez votre race[5],
Respectez votre sang, j'ose vous en prier.
Sauvez-moi de l'horreur de l'entendre crier[6],
Ne me préparez point la douleur éternelle
De l'avoir fait répandre à la main paternelle.

---

1. **par le fleuve [...] terrible** : par le Styx, fleuve des Enfers. Le serment de Neptune est alors irrévocable.
2. **Mes entrailles [...] se troublent** : mon cœur se serre, s'affole.
3. **engagé** : poussé, forcé.
4. **a passé** : est parvenue.
5. **race** : famille.
6. **l'entendre crier** : entendre votre sang réclamer vengeance (image biblique).

96 *Phèdre* de Jean Racine

THÉSÉE

1175 Non, Madame, en mon sang ma main n'a point trempé ;
Mais l'ingrat toutefois ne m'est point échappé.
Une immortelle main de sa perte est chargée.
Neptune me la doit, et vous serez vengée.

PHÈDRE

Neptune vous la doit ! Quoi ? vos vœux irrités…

THÉSÉE

1180 Quoi ! craignez-vous déjà qu'ils ne soient écoutés ?
Joignez-vous bien plutôt à mes vœux légitimes.
Dans toute leur noirceur retracez-moi ses crimes ;
Échauffez mes transports[1] trop lents, trop retenus.
Tous ses crimes encor ne vous sont pas connus ;
1185 Sa fureur contre vous se répand en injures.
Votre bouche, dit-il, est pleine d'impostures ;
Il soutient qu'Aricie a son cœur, a sa foi[2],
Qu'il l'aime.

PHÈDRE

Quoi, Seigneur ?

THÉSÉE

Il l'a dit devant moi.
Mais je sais rejeter un frivole artifice[3].
1190 Espérons de Neptune une prompte justice.
Je vais moi-même encore au pied de ses autels
Le presser d'accomplir ses serments immortels.

Notes

1. **Échauffez mes transports** : excitez ma colère.
2. **sa foi** : son engagement.
3. **un frivole artifice** : une ruse facile, sans valeur.

SCÈNE 5

PHÈDRE, *seule*

Il sort. Quelle nouvelle a frappé mon oreille ?
Quel feu[1] mal étouffé dans mon cœur se réveille ?
1195   Quel coup de foudre, ô ciel ! et quel funeste avis[2] !
Je volais tout entière au secours de son fils ;
Et m'arrachant des bras d'Œnone épouvantée,
Je cédais au remords dont j'étais tourmentée.
Qui sait même où m'allait porter ce repentir ?
1200   Peut-être à m'accuser j'aurais pu consentir ;
Peut-être, si la voix ne m'eût été coupée,
L'affreuse vérité me serait échappée.
Hippolyte est sensible[3], et ne sent rien pour moi !
Aricie a son cœur ! Aricie a sa foi !
1205   Ah, dieux ! Lorsqu'à mes vœux, l'ingrat inexorable
S'armait d'un œil si fier, d'un front si redoutable,
Je pensais qu'à l'amour son cœur toujours fermé
Fût[4] contre tout mon sexe également armé.
Une autre cependant a fléchi son audace[5],
1210   Devant ses yeux cruels une autre a trouvé grâce.
Peut-être a-t-il un cœur facile à s'attendrir.
Je suis le seul objet qu'il ne saurait souffrir[6].
Et je me chargerais du soin de le défendre ?

Notes

1. **feu** : passion.
2. **funeste avis** : nouvelle mortelle.
3. **sensible** : capable d'aimer.
4. **Fût** : était.

5. **audace** : indifférence à l'amour.
6. **le seul objet [...] souffrir** : la seule femme qu'il ne pourrait supporter.

SCÈNE 6

PHÈDRE, ŒNONE

PHÈDRE

Chère Œnone, sais-tu ce que je viens d'apprendre ?

ŒNONE

1215 Non ; mais je viens tremblante, à ne vous point mentir.
J'ai pâli du dessein qui vous a fait sortir ;
J'ai craint une fureur à vous-même fatale.

PHÈDRE

Œnone, qui l'eût cru ? J'avais une rivale.

ŒNONE

Comment ?

PHÈDRE

Hippolyte aime, et je n'en puis douter.
1220 Ce farouche ennemi qu'on ne pouvait dompter,
Qu'offensait le respect[1], qu'importunait la plainte[2],
Ce tigre, que jamais je n'abordais sans crainte,
Soumis, apprivoisé, reconnaît un vainqueur ;
Aricie a trouvé le chemin de son cœur.

ŒNONE

1225 Aricie ?

PHÈDRE

Ah ! douleur non encore éprouvée !
À quel nouveau tourment je me suis réservée !
Tout ce que j'ai souffert, mes craintes, mes transports[3],
La fureur de mes feux, l'horreur de mes remords,
Et d'un refus cruel l'insupportable injure,
1230 N'était qu'un faible essai[4] du tourment que j'endure.

Notes

1. **le respect** : l'adoration (qu'on a pour lui).
2. **la plainte** : les plaintes de l'amour.
3. **transports** : manifestations (violentes) d'amour.
4. **essai** : aperçu.

Ils s'aiment! Par quel charme[1] ont-ils trompé mes yeux?
Comment se sont-ils vus? Depuis quand? Dans quels lieux?
Tu le savais. Pourquoi me laissais-tu séduire[2]?
De leur furtive ardeur[3] ne pouvais-tu m'instruire?
1235   Les a-t-on vus souvent se parler, se chercher?
Dans le fond des forêts allaient-ils se cacher?
Hélas! ils se voyaient avec pleine licence[4].
Le ciel de leurs soupirs approuvait l'innocence;
Ils suivaient sans remords leur penchant amoureux,
1240   Tous les jours se levaient clairs et sereins pour eux.
Et moi, triste rebut de la nature entière,
Je me cachais au jour, je fuyais la lumière.
La mort est le seul dieu que j'osais implorer.
J'attendais le moment où j'allais expirer;
1245   Me nourrissant de fiel[5], de larmes abreuvée,
Encor dans mon malheur de trop près observée,
Je n'osais dans mes pleurs me noyer à loisir;
Je goûtais en tremblant ce funeste plaisir;
Et, sous un front serein déguisant mes alarmes[6],
1250   Il fallait bien souvent me priver de mes larmes.

ŒNONE

Quel fruit recevront-ils de leurs vaines amours?
Ils ne se verront plus.

PHÈDRE

                    Ils s'aimeront toujours.
Au moment que je parle, ah! mortelle pensée!
Ils bravent la fureur d'une amante insensée.
1255   Malgré ce même exil qui va les écarter[7],

Notes

1. **quel charme** : quelle sorcellerie.
2. **séduire** : tromper.
3. **furtive ardeur** : amour secret.
4. **avec pleine licence** : en toute liberté.
5. **de fiel** : d'amertume.

6. **déguisant mes alarmes** : cachant mon désespoir.
7. **ce même exil [...] écarter** : cet exil même qui va les séparer.

Phèdre de Jean Racine

Ils font mille serments de ne se point quitter.
Non, je ne puis souffrir un bonheur qui m'outrage ;
Œnone, prends pitié de ma jalouse rage.
Il faut perdre[1] Aricie ; il faut de mon époux
1260 Contre un sang odieux[2] réveiller le courroux.
Qu'il ne se borne pas à des peines légères :
Le crime de la sœur passe celui des frères[3].
Dans mes jaloux transports je le veux implorer.
Que fais-je ? Où ma raison se va-t-elle égarer ?
1265 Moi jalouse ! et Thésée est celui que j'implore !
Mon époux est vivant, et moi je brûle encore !
Pour qui ? Quel est le cœur où prétendent mes vœux ?
Chaque mot sur mon front fait dresser mes cheveux.
Mes crimes désormais ont comblé la mesure.
1270 Je respire[4] à la fois l'inceste et l'imposture[5].
Mes homicides mains, promptes à me venger,
Dans le sang innocent brûlent de se plonger.
Misérable ! et je vis ? et je soutiens la vue
De ce sacré Soleil dont je suis descendue ?
1275 J'ai pour aïeul le père et le maître des dieux[6],
Le ciel, tout l'univers est plein de mes aïeux.
Où me cacher ? Fuyons dans la nuit infernale[7].
Mais que dis-je ? mon père y tient l'urne fatale[8],
Le sort, dit-on, l'a mise en ses sévères mains :
1280 Minos juge aux Enfers tous les pâles humains[9].

Notes

1. perdre : provoquer la mort de.
2. un sang odieux : famille d'Aricie qu'il déteste (les Pallantides).
3. Le crime [...] frères : le crime d'Aricie dépasse celui de ses frères, les Pallantides.
4. Je respire : j'exhale, je dégage (une odeur de).
5. l'imposture : les fausses accusations de Phèdre envers Hippolyte.

6. J'ai [...] dieux : désigne Jupiter, ancêtre de son père.
7. infernale : des Enfers.
8. l'urne fatale : l'urne d'où l'on tirait le sort des morts pour les juger aux Enfers et que gardait son père Minos.
9. les pâles humains : les ombres livides des morts.

Acte IV, Scène 6

Ah! combien frémira son ombre épouvantée,
Lorsqu'il verra sa fille à ses yeux présentée,
Contrainte d'avouer tant de forfaits divers,
Et des crimes peut-être inconnus aux Enfers!
1285 Que diras-tu, mon père, à ce spectacle horrible?
Je crois voir de ta main tomber l'urne terrible;
Je crois te voir, cherchant un supplice nouveau,
Toi-même de ton sang[1] devenir le bourreau.
Pardonne. Un dieu cruel[2] a perdu ta famille:
1290 Reconnais sa vengeance aux fureurs[3] de ta fille.
Hélas! du crime affreux dont la honte me suit
Jamais mon triste cœur n'a recueilli le fruit[4].
Jusqu'au dernier soupir de malheurs poursuivie,
Je rends dans les tourments une pénible vie.

ŒNONE

1295 Hé! repoussez, Madame, une injuste[5] terreur.
Regardez d'un autre œil une excusable erreur.
Vous aimez. On ne peut vaincre sa destinée.
Par un charme fatal vous fûtes entraînée.
Est-ce donc un prodige inouï parmi nous?
1300 L'amour n'a-t-il encor triomphé que de vous?
La faiblesse aux humains n'est que trop naturelle.
Mortelle, subissez le sort d'une mortelle.
Vous vous plaignez d'un joug imposé dès longtemps[6].
Les dieux mêmes, les dieux, de l'Olympe[7] habitants,
1305 Qui d'un bruit si terrible épouvantent les crimes[8],
Ont brûlé quelquefois de feux illégitimes.

Notes

1. **ton sang**: ta fille.
2. **Un dieu cruel**: Vénus (voir note 3, p. 34).
3. **aux fureurs**: à la folie.
4. **Jamais [...] le fruit**: jamais mon cœur malheureux n'a profité (du crime).
5. **injuste**: injustifiée.

6. **dès longtemps**: depuis longtemps.
7. **Olympe**: montagne où séjournent les dieux antiques.
8. **Qui [...] les crimes**: qui évitent les crimes en inspirant l'épouvante des châtiments.

PHÈDRE

Qu'entends-je ? Quels conseils ose-t-on me donner ?
Ainsi donc jusqu'au bout tu veux m'empoisonner,
Malheureuse ? Voilà comme tu m'as perdue.
1310   Au jour que je fuyais c'est toi qui m'as rendue.
Tes prières m'ont fait oublier mon devoir.
J'évitais Hippolyte, et tu me l'as fait voir.
De quoi te chargeais-tu ? Pourquoi ta bouche impie
A-t-elle, en l'accusant, osé noircir sa vie ?
1315   Il en mourra peut-être, et d'un père insensé
Le sacrilège vœu peut-être est exaucé.
Je ne t'écoute plus. Va-t'en, monstre exécrable ;
Va, laisse-moi le soin de mon sort déplorable.
Puisse le juste ciel dignement te payer ;
1320   Et puisse ton supplice à jamais effrayer
Tous ceux qui comme toi, par de lâches adresses[1],
Des princes malheureux nourrissent les faiblesses,
Les poussent au penchant où leur cœur est enclin,
Et leur osent du crime aplanir le chemin ;
1325   Détestables flatteurs, présent le plus funeste
Que puisse faire aux rois la colère céleste[2].

ŒNONE, *seule*

Ah, dieux ! pour la servir j'ai tout fait, tout quitté ;
Et j'en reçois ce prix ? Je l'ai bien mérité.

Notes 1. **adresses** : ruses.   2. **céleste** : du ciel (des dieux).

Le dieu Neptune.

Acte V

SCÈNE 1

HIPPOLYTE, ARICIE

ARICIE

Quoi! vous pouvez vous taire en ce péril extrême?
1330 Vous laissez dans l'erreur un père qui vous aime?
Cruel, si de mes pleurs méprisant le pouvoir,
Vous consentez sans peine à ne me plus revoir,
Partez, séparez-vous de la triste[1] Aricie;
Mais du moins en partant assurez[2] votre vie.
1335 Défendez votre honneur d'un reproche honteux,
Et forcez votre père à révoquer[3] ses vœux.
Il en est temps encor. Pourquoi, par quel caprice
Laissez-vous le champ libre à votre accusatrice?
Éclaircissez[4] Thésée.

HIPPOLYTE

              Hé! que n'ai-je point dit?
1340 Ai-je dû mettre au jour l'opprobre de son lit?[5]
Devais-je, en lui faisant un récit trop sincère,

---

1. **triste** : malheureuse.
2. **assurez** : mettez en sécurité.
3. **révoquer** : revenir sur.
4. **Éclaircissez** : informez clairement.
5. **Ai-je dû [...] son lit?** : aurais-je dû révéler le déshonneur de son mariage?

D'une indigne rougeur couvrir le front d'un père ?
Vous seule avez percé ce mystère odieux.
Mon cœur pour s'épancher n'a que vous et les dieux.
1345 Je n'ai pu vous cacher, jugez si je vous aime,
Tout ce que je voulais me cacher à moi-même.
Mais songez sous quel sceau[1] je vous l'ai révélé.
Oubliez, s'il se peut, que je vous ai parlé,
Madame ; et que jamais une bouche si pure
1350 Ne s'ouvre pour conter cette horrible aventure.
Sur l'équité des dieux osons nous confier[2].
Ils ont trop d'intérêt à me justifier ;
Et Phèdre, tôt ou tard de son crime punie,
N'en saurait éviter la juste ignominie[3].
1355 C'est l'unique respect que j'exige de vous.
Je permets tout le reste à mon libre courroux.
Sortez de l'esclavage où vous êtes réduite ;
Osez me suivre, osez accompagner ma fuite ;
Arrachez-vous d'un lieu funeste[4] et profané,
1360 Où la vertu respire un air empoisonné ;
Profitez, pour cacher votre prompte retraite[5],
De la confusion que ma disgrâce y jette.
Je vous puis de la fuite assurer les moyens.
Vous n'avez jusqu'ici de gardes que les miens ;
1365 De puissants défenseurs prendront notre querelle[6],
Argos nous tend les bras, et Sparte[7] nous appelle :
À nos amis communs portons nos justes cris ;
Ne souffrons pas que Phèdre, assemblant nos débris[8],

Notes

1. **sous quel sceau** : à quelles conditions (sous le sceau du secret).
2. **Sur l'équité [...] confier** : osons faire confiance à la justice des dieux.
3. **juste ignominie** : honte méritée.
4. **funeste** : qui provoque la mort (où l'on ne peut plus vivre).

5. **retraite** : départ.
6. **querelle** : intérêt, cause.
7. **Argos [...] Sparte** : villes du Péloponnèse, rivales d'Athènes.
8. **assemblant nos débris** : recueillant les restes de notre héritage.

Du trône paternel nous chasse l'un et l'autre,
Et promette à son fils ma dépouille et la vôtre.
L'occasion est belle, il la faut embrasser[1].
Quelle peur vous retient ? Vous semblez balancer[2] ?
Votre seul intérêt m'inspire cette audace.
Quand je suis tout de feu, d'où vous vient cette glace ?
Sur les pas d'un banni craignez-vous de marcher ?

ARICIE

Hélas ! qu'un tel exil, Seigneur, me serait cher !
Dans quels ravissements, à votre sort liée,
Du reste des mortels je vivrais oubliée !
Mais n'étant point unis par un lien si doux[3],
Me puis-je avec honneur dérober[4] avec vous ?
Je sais que sans blesser l'honneur le plus sévère,
Je me puis affranchir[5] des mains de votre père :
Ce n'est point m'arracher du sein de mes parents ;
Et la fuite est permise à qui fuit ses tyrans.
Mais vous m'aimez, Seigneur ; et ma gloire alarmée[6]…

HIPPOLYTE

Non, non, j'ai trop de soin de votre renommée.
Un plus noble dessein m'amène devant vous :
Fuyez mes ennemis, et suivez votre époux.
Libres dans nos malheurs, puisque le ciel l'ordonne,
Le don de notre foi[7] ne dépend de personne.
L'hymen[8] n'est point toujours entouré de flambeaux.
Aux portes de Trézène, et parmi ces tombeaux,
Des princes de ma race antiques sépultures,

---

1. **embrasser** : saisir.
2. **balancer** : hésiter.
3. **un lien si doux** : le mariage.
4. **Me […] dérober** : m'enfuir en cachette.
5. **affranchir** : délivrer.
6. **ma gloire alarmée** : mon honneur inquiet.
7. **Le don de notre foi** : notre engagement mutuel.
8. **L'hymen** : le mariage.

Est un temple sacré formidable aux parjures[1].

1395 C'est là que les mortels n'osent jurer en vain :
Le perfide y reçoit un châtiment soudain ;
Et craignant d'y trouver la mort inévitable,
Le mensonge n'a point de frein plus redoutable.
Là, si vous m'en croyez, d'un amour éternel

1400 Nous irons confirmer le serment solennel[2] ;
Nous prendrons à témoin le dieu qu'on y révère ;
Nous le prierons tous deux de nous servir de père.
Des dieux les plus sacrés j'attesterai[3] le nom.
Et la chaste Diane[4], et l'auguste Junon[5],

1405 Et tous les dieux enfin, témoins de mes tendresses,
Garantiront la foi[6] de mes saintes promesses.

ARICIE

Le roi vient. Fuyez, Prince, et partez promptement.
Pour cacher mon départ, je demeure un moment.
Allez ; et laissez-moi quelque fidèle guide,

1410 Qui conduise vers vous ma démarche timide[7].

SCÈNE 2

THÉSÉE, ARICIE, ISMÈNE

THÉSÉE

Dieux, éclairez mon trouble, et daignez à mes yeux
Montrer la vérité, que je cherche en ces lieux.

ARICIE

Songe à tout, chère Ismène, et sois prête à la fuite.

Notes

1. **formidable aux parjures** : qui inspire de la terreur aux parjures.
2. **serment solennel** : serment du mariage.
3. **j'attesterai** : je prendrai à témoin.

4. **Diane** : déesse de la Chasse et protectrice d'Hippolyte.
5. **Junon** : épouse de Jupiter et déesse du Mariage.
6. **foi** : sincérité.
7. **timide** : craintive, pudique.

108 | *Phèdre* de Jean Racine

SCÈNE 3

THÉSÉE, ARICIE

THÉSÉE

Vous changez de couleur, et semblez interdite[1],
Madame! Que faisait Hippolyte en ce lieu?

ARICIE

Seigneur, il me disait un éternel adieu.

THÉSÉE

Vos yeux ont su dompter ce rebelle courage[2],
Et ses premiers soupirs sont votre heureux ouvrage.

ARICIE

Seigneur, je ne vous puis nier la vérité :
De votre injuste haine il n'a pas hérité.
Il ne me traitait point comme une criminelle.

THÉSÉE

J'entends[3] : il vous jurait une amour éternelle.
Ne vous assurez point sur[4] ce cœur inconstant :
Car à d'autres que vous il en jurait autant.

ARICIE

Lui, Seigneur?

THÉSÉE

Vous deviez[5] le rendre moins volage :
Comment souffriez-vous cet horrible partage?

ARICIE

Et comment souffrez-vous que d'horribles discours
D'une si belle vie osent noircir le cours?
Avez-vous de son cœur si peu de connaissance?

Notes

1. **interdite** : incapable de parler, bouleversée.
2. **ce rebelle courage** : ce cœur rebelle à l'amour.

3. **J'entends** : je comprends.
4. **Ne vous assurez point sur** : ne vous fiez pas à.
5. **Vous deviez** : vous auriez dû.

Acte V, Scène 3 | 109

1430 Discernez-vous si mal le crime et l'innocence ?
Faut-il qu'à vos yeux seuls un nuage odieux
Dérobe sa vertu qui brille à tous les yeux ?
Ah ! c'est trop le livrer à des langues perfides.
Cessez : repentez-vous de vos vœux homicides ;
1435 Craignez, Seigneur, craignez que le ciel rigoureux
Ne vous haïsse assez pour exaucer vos vœux.
Souvent dans sa colère il reçoit nos victimes[1] ;
Ses présents sont souvent la peine[2] de nos crimes.

THÉSÉE

Non, vous voulez en vain couvrir son attentat[3] :
1440 Votre amour vous aveugle en faveur de l'ingrat.
Mais j'en crois des témoins certains, irréprochables :
J'ai vu, j'ai vu couler des larmes véritables.

ARICIE

Prenez garde, Seigneur. Vos invincibles mains
Ont de monstres sans nombre affranchi[4] les humains ;
1445 Mais tout n'est pas détruit, et vous en laissez vivre
Un… Votre fils, Seigneur, me défend de poursuivre.
Instruite du respect qu'il veut vous conserver,
Je l'affligerais trop si j'osais achever,
J'imite sa pudeur[5], et fuis votre présence
1450 Pour n'être pas forcée à rompre le silence.

SCÈNE 4

THÉSÉE, *seul*

Quelle est donc sa pensée ? et que cache un discours
Commencé tant de fois, interrompu toujours ?

Notes

1. **il reçoit nos victimes** : il accepte les victimes que nous lui offrons.
2. **la peine** : le châtiment.
3. **couvrir son attentat** : excuser son crime.
4. **affranchi** : délivré.
5. **pudeur** : discrétion, réserve.

Veulent-ils m'éblouir[1] par une feinte vaine ?
Sont-ils d'accord tous deux pour me mettre à la gêne[2] ?
1455 Mais moi-même, malgré ma sévère rigueur,
Quelle plaintive voix crie au fond de mon cœur ?
Une pitié secrète et m'afflige et m'étonne[3].
Une seconde fois interrogeons Œnone.
Je veux de tout le crime être mieux éclairci[4].
1460 Gardes, qu'Œnone sorte, et vienne seule ici.

SCÈNE 5

Thésée, Panope

Panope
J'ignore le projet que la reine médite,
Seigneur, mais je crains tout du transport qui l'agite.
Un mortel désespoir sur son visage est peint ;
La pâleur de la mort est déjà sur son teint.
1465 Déjà, de sa présence avec honte chassée,
Dans la profonde mer Œnone s'est lancée.
On ne sait point d'où part ce dessein furieux[5] ;
Et les flots pour jamais l'ont ravie à nos yeux.

Thésée
Qu'entends-je ?

Panope
　　　　　Son trépas n'a point calmé la reine :
1470 Le trouble semble croître en son âme incertaine.
Quelquefois, pour flatter[6] ses secrètes douleurs,
Elle prend ses enfants et les baigne de pleurs ;

---

1. **m'éblouir** : me tromper.
2. **à la gêne** : à la torture.
3. **m'étonne** : me frappe de stupeur.
4. **éclairci** : éclairé, instruit.
5. **ce dessein furieux** : cette décision folle.
6. **flatter** : calmer.

Et soudain, renonçant à l'amour maternelle,
Sa main avec horreur les repousse loin d'elle.
1475 Elle porte au hasard ses pas irrésolus;
Son œil tout égaré ne nous reconnaît plus.
Elle a trois fois écrit; et changeant de pensée,
Trois fois elle a rompu[1] sa lettre commencée.
Daignez la voir, Seigneur; daignez la secourir.

THÉSÉE

1480 Ô ciel! Œnone est morte, et Phèdre veut mourir?
Qu'on rappelle mon fils, qu'il vienne se défendre!
Qu'il vienne me parler, je suis prêt de l'entendre[2].
Ne précipite point tes funestes bienfaits,
Neptune; j'aime mieux n'être exaucé jamais.
1485 J'ai peut-être trop cru des témoins peu fidèles[3],
Et j'ai trop tôt vers toi levé mes mains cruelles.
Ah! de quel désespoir mes vœux seraient suivis!

SCÈNE 6

THÉSÉE, THÉRAMÈNE

THÉSÉE

Théramène, est-ce toi? Qu'as-tu fait de mon fils?
Je te l'ai confié dès l'âge le plus tendre.
1490 Mais d'où naissent les pleurs que je te vois répandre?
Que fait mon fils?

THÉRAMÈNE

                 Ô soins[4] tardifs et superflus!
Inutile tendresse! Hippolyte n'est plus.

THÉSÉE

Dieux!

Notes

1. **rompu** : déchiré.
2. **prêt de l'entendre** : prêt à l'écouter.

3. **peu fidèles** : peu sûrs.
4. **soins** : préoccupations.

Phèdre de Jean Racine

La mort d'Hippolyte.

THÉRAMÈNE

J'ai vu des mortels périr le plus aimable[1],
Et j'ose dire encor, Seigneur, le moins coupable.

THÉSÉE

1495 Mon fils n'est plus ? Hé quoi ! quand je lui tends les bras,
Les dieux impatients ont hâté son trépas ?
Quel coup me l'a ravi ? quelle foudre soudaine ?

THÉRAMÈNE

À peine nous sortions des portes de Trézène,
Il était sur son char ; ses gardes affligés
1500 Imitaient son silence, autour de lui rangés ;
Il suivait tout pensif le chemin de Mycènes[2] ;
Sa main sur ses chevaux laissait flotter les rênes.
Ses superbes coursiers[3], qu'on voyait autrefois
Pleins d'une ardeur si noble obéir à sa voix,
1505 L'œil morne maintenant et la tête baissée,
Semblaient se conformer à sa triste pensée.
Un effroyable cri, sorti du fond des flots,
Des airs en ce moment a troublé le repos ;
Et du sein de la terre une voix formidable[4]
1510 Répond en gémissant à ce cri redoutable.
Jusqu'au fond de nos cœurs notre sang s'est glacé.
Des coursiers attentifs le crin s'est hérissé.
Cependant[5] sur le dos de la plaine liquide[6]
S'élève à gros bouillons une montagne humide[7] ;
1515 L'onde approche, se brise, et vomit à nos yeux,
Parmi des flots d'écume, un monstre furieux.

Notes

1. **aimable** : digne d'être aimé.
2. **Mycènes** : ville grecque au nord du Péloponnèse.
3. **superbes coursiers** : fiers chevaux.
4. **formidable** : terrifiante.
5. **Cependant** : pendant ce temps.

6. **la plaine liquide** : la mer. Métaphore empruntée à Virgile.
7. **une montagne humide** : une montagne de vagues. Métaphore empruntée à Ovide.

Phèdre de Jean Racine

Son front large est armé de cornes menaçantes ;
Tout son corps est couvert d'écailles jaunissantes ;
Indomptable taureau, dragon impétueux,
1520   Sa croupe se recourbe en replis tortueux.
Ses longs mugissements font trembler le rivage.
Le ciel avec horreur voit ce monstre sauvage,
La terre s'en émeut[1], l'air en est infecté,
Le flot, qui l'apporta, recule épouvanté.
1525   Tout fuit ; et sans s'armer d'un courage inutile,
Dans le temple voisin chacun cherche un asile.
Hippolyte lui seul, digne fils d'un héros,
Arrête ses coursiers, saisit ses javelots,
Pousse au monstre[2], et, d'un dard lancé d'une main sûre,
1530   Il lui fait dans le flanc une large blessure.
De rage et de douleur le monstre bondissant
Vient aux pieds des chevaux tomber en mugissant,
Se roule, et leur présente une gueule enflammée
Qui les couvre de feu, de sang et de fumée.
1535   La frayeur les emporte ; et, sourds à cette fois[3],
Ils ne connaissent plus ni le frein ni la voix.
En efforts impuissants leur maître se consume ;
Ils rougissent le mors d'une sanglante écume.
On dit qu'on a vu même, en ce désordre affreux,
1540   Un dieu qui d'aiguillons pressait leur flanc poudreux[4].
À travers des rochers la peur les précipite ;
L'essieu crie et se rompt. L'intrépide Hippolyte
Voit voler en éclats tout son char fracassé ;
Dans les rênes lui-même il tombe embarrassé[5].

Notes

1. **s'en émeut** : se met à trembler.
2. **Pousse au monstre** : s'élance vers le monstre.
3. **à cette fois** : cette fois-ci, pour une fois.

4. **poudreux** : poussiéreux.
5. **embarrassé** : empêtré.

1545 Excusez ma douleur. Cette image cruelle
Sera pour moi de pleurs une source éternelle.
J'ai vu, Seigneur, j'ai vu votre malheureux fils
Traîné par les chevaux que sa main a nourris.
Il veut les rappeler, et sa voix les effraie ;
1550 Ils courent. Tout son corps n'est bientôt qu'une plaie.
De nos cris douloureux la plaine retentit.
Leur fougue impétueuse enfin se ralentit :
Ils s'arrêtent, non loin de ces tombeaux antiques
Où des rois ses aïeux sont les froides reliques[1].
1555 J'y cours en soupirant, et sa garde me suit.
De son généreux sang[2] la trace nous conduit :
Les rochers en sont teints ; les ronces dégouttantes[3]

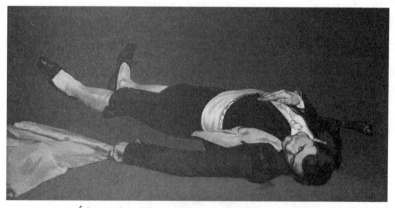

Édouard Manet, *L'Homme mort* (vers 1864).

Notes
1. **froides reliques** : restes, ossements.
2. **généreux sang** : noble sang.
3. **dégouttantes** : d'où tombent des gouttes de sang.

Phèdre de Jean Racine

Portent de ses cheveux les dépouilles sanglantes.
J'arrive, je l'appelle ; et, me tendant la main,
1560 Il ouvre un œil mourant, qu'il referme soudain.
« Le ciel, dit-il, m'arrache une innocente vie.
Prends soin après ma mort de la triste Aricie.
Cher ami, si mon père un jour désabusé[1]
Plaint le malheur d'un fils faussement accusé,
1565 Pour apaiser mon sang et mon ombre plaintive,
Dis-lui qu'avec douceur il traite sa captive ;
Qu'il lui rende… » À ce mot, ce héros expiré[2]
N'a laissé dans mes bras qu'un corps défiguré,
Triste objet, où des dieux triomphe la colère,
1570 Et que méconnaîtrait[3] l'œil même de son père.

THÉSÉE

Ô mon fils ! cher espoir que je me suis ravi[4] !
Inexorables dieux, qui m'avez trop servi !
À quels mortels regrets ma vie est réservée !

THÉRAMÈNE

La timide Aricie est alors arrivée.
1575 Elle venait, Seigneur, fuyant votre courroux,
À la face des dieux l'accepter pour époux.
Elle approche : elle voit l'herbe rouge et fumante ;
Elle voit (quel objet pour les yeux d'une amante !)
Hippolyte étendu, sans forme et sans couleur.
1580 Elle veut quelque temps douter de son malheur ;
Et ne connaissant plus[5] ce héros qu'elle adore,
Elle voit Hippolyte et le demande encore.

Notes

1. **désabusé** : détrompé.
2. **expiré** : déjà mort.
3. **méconnaîtrait** : ne reconnaîtrait pas.
4. **que je me suis ravi** : dont je me suis privé moi-même.
5. **ne connaissant plus** : ne reconnaissant plus.

Mais trop sûre à la fin qu'il est devant ses yeux,
Par un triste regard elle accuse les dieux ;
1585 Et froide, gémissante, et presque inanimée,
Aux pieds de son amant elle tombe pâmée.
Ismène est auprès d'elle ; Ismène, toute en pleurs,
La rappelle à la vie, ou plutôt aux douleurs.
Et moi, je suis venu, détestant la lumière[1],
1590 Vous dire d'un héros la volonté dernière,
Et m'acquitter, Seigneur, du malheureux emploi[2]
Dont son cœur expirant s'est reposé sur moi.
Mais j'aperçois venir sa mortelle ennemie.

Notes

1. **détestant la lumière :** maudissant la vie.

2. **du malheureux emploi :** de la triste mission.

Le récit de Théramène
Lecture analytique de l'extrait (p. 114, v. 1498, à p. 117, v. 1570)

Les règles classiques

- **Règle des trois unités :** unités d'action (centrée sur une intrigue principale), de temps (24 heures) et de lieu (un espace unique mais polyvalent).
- **Vraisemblance :** qualité de ce qui paraît vrai aux yeux du spectateur, même quand cela ne l'est pas réellement.
- **Bienséance :** usages à respecter pour ne pas heurter les goûts et les préjugés du public, en évitant ce qui peut choquer (paroles et situations).

UN RÉCIT CONVENTIONNEL ET JUSTIFIÉ

1 Pourquoi et dans quel but Hippolyte est-il parti ? Que s'est-il passé sur scène depuis son départ ? Relevez, dans les scènes précédentes, les éléments qui laissaient prévoir un dénouement tragique ?

2 Pourquoi la mort d'Hippolyte est-elle racontée et non représentée sur scène ?

3 Faites le plan du récit à l'aide des enchaînements. Quels procédés de style évitent la monotonie ?

4 Quel est le temps dominant du récit et quel est l'effet produit ? Quel est l'intérêt du style direct ? Montrez en quoi ce récit correspond à la définition de l'hypotypose*.

* Hypotypose : **description ou peinture d'une scène réalisée de façon à la faire vivre sous nos yeux.**

Questionnaire | 119

UN DÉNOUEMENT EXEMPLAIRE :
LE RETOUR DU MONSTRUEUX

Dénouement tragique et monstruosité

Un récit final contribue au dénouement tragique qui doit être **nécessaire** (cohérent), **rapide** et **complet**.

Ici, même si les dieux ont déclenché le dénouement, Thésée en reste la figure centrale et monstrueuse. Car c'est de la malédiction de ce tueur de monstres (notamment du Minotaure, demi-frère de Phèdre) que surgit le monstre marin qui tuera Hippolyte. Et, lorsque Roland Barthes dit que *« le monstrueux menace tous les personnages »*, il veut insister sur le **lien entre le monstre mythique et la monstruosité morale des personnages**.

5) Rapprochez le vers 1498 de ce que dit Hippolyte aux vers 1, 463, 717, 925-926 et 948-952. Que pouvez-vous en conclure ?

6) Quels indices montrent que la mort d'Hippolyte est liée au vœu de Thésée ?

7) Qu'est-ce qui rend crédible la présence du merveilleux, sous la forme du monstre ? Que pensez-vous du rôle joué par les dieux dans ce dénouement ?

8) Quelles sont les deux causes (directe et indirecte) de la mort d'Hippolyte ?

9) Montrez le lien entre la monstruosité des personnages et la mort d'Hippolyte provoquée par un monstre. Que symbolise ce monstre ?

UN ÉLOGE FUNÈBRE ÉPIQUE

10) Quels éléments vous permettent d'affirmer que Théramène est à la fois un témoin et un acteur du drame, un confident et un messager ? Quel est l'effet de son récit sur le spectateur ?

11) À qui cette tirade est-elle destinée ? À quoi le voyez-vous ?

⓬ Sur le document, caractérisez le costume et l'attitude de Thésée écoutant le récit de Théramène. En quoi le décor permet-il de figurer la scène de la mort tout en respectant la règle de la bienséance?

Cf. Document 4.

⓭ Relevez le champ lexical du corps (v. 1550 à 1570, pp. 116-117). Quel est l'effet recherché?

⓮ Quels procédés (rythmes, lexique, images, hyperboles) donnent au récit une dimension épique*?

⓯ En quoi ce récit constitue-t-il un éloge funèbre* du héros?

⓰ En vous appuyant sur vos réponses à ce questionnaire, rédigez un commentaire organisé montrant en quoi ce récit est un dénouement tragique préparé et annoncé et une réhabilitation d'Hippolyte aux yeux de son père.

* *Épique* : registre qui exalte les vertus d'un héros au moyen d'un vocabulaire mélioratif, de figures de style et du rythme du récit.

* *Éloge funèbre* : épitaphe, discours célébrant une personne décédée.

SCÈNE 7

THÉSÉE, PHÈDRE, THÉRAMÈNE, PANOPE, GARDES

THÉSÉE

Hé bien! vous triomphez, et mon fils est sans vie.
1595 Ah! que j'ai lieu de craindre! et qu'un cruel soupçon,
L'excusant dans mon cœur, m'alarme avec raison!
Mais, Madame, il est mort, prenez votre victime.
Jouissez de sa perte, injuste ou légitime.
Je consens que mes yeux soient toujours abusés.
1600 Je le crois criminel, puisque vous l'accusez.
Son trépas à mes pleurs offre assez de matières,
Sans que j'aille chercher d'odieuses lumières,
Qui ne pouvant le rendre à ma juste douleur,
Peut-être ne feraient qu'accroître mon malheur.
1605 Laissez-moi, loin de vous et loin de ce rivage,
De mon fils déchiré fuir la sanglante image.
Confus[1], persécuté d'un[2] mortel souvenir,
De l'univers entier je voudrais me bannir.
Tout semble s'élever contre mon injustice.
1610 L'éclat de mon nom même augmente mon supplice.
Moins connu des mortels, je me cacherais mieux.
Je hais jusques au soin dont m'honorent les dieux;
Et je m'en vais pleurer leurs faveurs meurtrières
Sans plus les fatiguer d'inutiles prières.
1615 Quoi qu'ils fissent pour moi, leur funeste[3] bonté
Ne me saurait payer de[4] ce qu'ils m'ont ôté.

Notes

1. **Confus** : bouleversé.
2. **persécuté d'un** : poursuivi par un.
3. **funeste** : mortelle.

4. **Ne me saurait payer de** : ne saurait compenser la perte de.

122 | *Phèdre* de Jean Racine

PHÈDRE

Non, Thésée, il faut rompre un injuste silence :
Il faut à votre fils rendre son innocence.
Il n'était point coupable.

THÉSÉE

Ah ! père infortuné !
1620 Et c'est sur votre foi[1] que je l'ai condamné !
Cruelle, pensez-vous être assez excusée…

PHÈDRE

Les moments me sont chers[2] ; écoutez-moi, Thésée ;
C'est moi qui sur ce fils chaste et respectueux
Osai jeter un œil profane[3], incestueux.
1625 Le ciel mit dans mon sein une flamme funeste ;
La détestable[4] Œnone a conduit tout le reste.
Elle a craint qu'Hippolyte, instruit de ma fureur[5],
Ne découvrît[6] un feu[7] qui lui faisait horreur.
La perfide, abusant de ma faiblesse extrême,
1630 S'est hâtée à vos yeux de l'accuser lui-même.
Elle s'en est punie, et, fuyant mon courroux,
A cherché dans les flots un supplice trop doux.
Le fer aurait déjà tranché ma destinée ;
Mais je laissais[8] gémir la vertu soupçonnée.
1635 J'ai voulu, devant vous exposant mes remords,
Par un chemin plus lent descendre chez les morts.
J'ai pris, j'ai fait couler dans mes brûlantes veines
Un poison que Médée apporta dans Athènes.
Déjà jusqu'à mon cœur le venin[9] parvenu
1640 Dans ce cœur expirant jette un froid inconnu ;

Notes

1. **foi** : parole (« en laquelle je croyais »).
2. **chers** : comptés.
3. **profane** : sacrilège.
4. **détestable** : maudite.
5. **fureur** : passion folle.
6. **Ne découvrît** : ne révélât à tous.
7. **feu** : amour.
8. **je laissais** : j'aurais laissé (en agissant ainsi).
9. **venin** : poison.

Acte V, Scène 7

Déjà je ne vois plus qu'à travers un nuage
Et le ciel et l'époux que ma présence outrage ;
Et la mort, à mes yeux dérobant la clarté,
Rend au jour, qu'ils souillaient, toute sa pureté.

PANOPE

1645   Elle expire, Seigneur.

THÉSÉE

                    D'une action si noire
Que ne peut avec elle expirer la mémoire[1] !
Allons, de mon erreur, hélas ! trop éclaircis,
Mêler nos pleurs au sang de mon malheureux fils.
Allons de ce cher fils embrasser ce qui reste,
1650   Expier la fureur d'un vœu que je déteste.
Rendons-lui les honneurs qu'il a trop mérités ;
Et pour mieux apaiser ses mânes irrités[2],
Que malgré les complots d'une injuste famille[3]
Son amante aujourd'hui me tienne lieu de fille.

Notes

1. expirer la mémoire : mourir le souvenir.
2. ses mânes irrités : l'esprit du mort irrité (contre son meurtre voulu par son père).

3. une injuste famille : la famille d'Aricie, les Pallantides, qui a conspiré contre Thésée.

124   *Phèdre* de Jean Racine

Dossier
biblioLYCÉE

Phèdre

1	Structure de l'œuvre	126
2	Racine, le prince des Classiques	129
3	Louis XIV et la monarchie absolue	133
4	Sources et réception de l'œuvre	139
5	Un modèle de tragédie classique	143
6	Étude des personnages	149
7	Portfolio	155
8	Prolongements	166

① Structure de l'œuvre

Grandes étapes	Étapes détaillées
Exposition : acte I	• **Les confidences symétriques :** – I, 1 : Hippolyte à Théramène sur son amour pour Aricie ; – I, 3 : Phèdre à Œnone sur sa passion pour Hippolyte. Trio impossible de l'amour racinien (X aime Y qui aime Z). • **Première péripétie (I, 4) :** Panope annonce à Phèdre la mort de Thésée.
Première période de l'action : acte II et début de l'acte III	• **Les aveux symétriques :** – II, 2 : aveu d'Hippolyte à Aricie → réussite. – II, 5 : aveu de Phèdre à Hippolyte → échec. • **La crise politique :** qui va succéder à Thésée ? • II, 6 : Théramène annonce que Thésée est peut-être vivant. • III, 1 et 2 : réaction de Phèdre ; alternance entre rage, honte et espoirs, exprimés à Œnone.
Seconde période de l'action : acte III, sc. 3, à acte V, sc. 4	• **Deuxième péripétie (III, 3) :** Œnone annonce à Phèdre le retour de Thésée (milieu de la pièce). • **Les errances de Thésée :** – III, 4 et 5 : Thésée arrive et affronte le silence et la fuite de sa famille. – **Troisième péripétie (IV, 1) :** Œnone calomnie Hippolyte auprès de Thésée. – IV, 2 : Thésée se déchaîne contre Hippolyte qui se défend sans dénoncer la coupable et avoue à son père son amour pour Aricie. • **Les hésitations de Phèdre :** – III, 3 : Œnone lui conseille de dénoncer Hippolyte, et Phèdre s'en remet à elle. – IV, 4 : décidée à avouer sa faute à Thésée, Phèdre y renonce par jalousie quand il lui apprend qu'Hippolyte aime Aricie. – IV, 6 : décidée à perdre Aricie par jalousie, elle maudit finalement Œnone et se décide à mourir.

Grandes étapes	Étapes détaillées
	• **Évolution du couple Hippolyte/Aricie :** – III, 6 : crainte et pressentiments d'Hippolyte. – IV, 2 : Hippolyte avoue à Thésée son amour pour Aricie. – V, 1 à 3 : le couple décide de s'unir et de s'enfuir ; Aricie affronte Thésée en le mettant en garde.
Dénouement complet en 3 phases, qui règle le sort de tous les personnages et rétablit l'ordre : acte V, sc. 5 à 7.	• **3 morts tragiques :** – V, 5 : Panope annonce la mort d'Œnone (mort juste). – V, 6 : Théramène annonce et raconte la mort d'Hippolyte, qui est innocenté par ses paroles en mourant (mort injuste). – V, 7 : suicide de Phèdre innocentant Hippolyte (mort juste). • Aricie est adoptée par Thésée (adoption juste).

Jean Racine et Mme de Maintenon, dessin de Georges Roux.

② Racine, le prince des Classiques

Identité :
Jean Racine

Naissance :
22 décembre 1639,
à La Ferté-Milon.

Décès :
21 avril 1699
(59 ans), à Paris.

Genres pratiqués :
Théâtre, poésie,
histoire.

I – Une éducation à Port-Royal

➡ Une enfance d'orphelin

Né à La Ferté-Milon dans l'Aisne, en 1639, d'une famille de fonctionnaires modestes, Jean Racine se retrouve orphelin à 3 ans et sans ressources. Il est alors confié à sa grand-mère Marie Desmoulins qui se retire avec lui, en 1649, à l'abbaye de Port-Royal-des-Champs où sa fille Agnès est religieuse et deviendra abbesse en 1690.

➡ Des études humanistes

Élève aux Petites Écoles, Jean Racine suit, jusqu'en 1658, des études de français, latin et grec chez les Solitaires de Port-Royal (Arnauld, Nicole, Lemaître de Sacy…), chrétiens laïques célèbres pour leur piété et pour leur excellent enseignement. Cette formation à Port-Royal sera déterminante pour sa carrière littéraire. Il finit ses études au collège de Beauvais, puis au collège d'Harcourt à Paris, où il étudie la philosophie.

➡ L'empreinte janséniste

Ses maîtres de Port-Royal prônent le jansénisme, doctrine religieuse austère et pessimiste, qui croit à la corruption fondamentale de l'homme et met l'accent sur la prédestination de certains hommes au salut de leur âme. La vie et l'œuvre de Racine seront marquées par cette relation avec le courant janséniste.

Condamnation du théâtre

L'écrivain Pierre Nicole (1625-1695) fut l'un des maîtres de Port-Royal. Dans un libelle (c'est-à-dire un texte bref satirique, insultant, voire diffamatoire), il affirma : « *Un faiseur de romans et un poète de théâtre est un empoisonneur public [...] qui se doit regarder comme coupable d'une infinité d'homicides spirituels.* »

Biographie

▶ LES TROUPES DE THÉÂTRE À PARIS

Seules 4 troupes disposent alors de leur propre théâtre : celle de l'Hôtel de Bourgogne, unique troupe subventionnée par le roi ; celle du Marais ; et les Comédiens-Italiens, qui partagent le théâtre du Palais-Royal avec la troupe de Molière.

▶ L'AFFAIRE DES POISONS

Racine sera accusé, dans l'Affaire des poisons, d'avoir empoisonné sa maîtresse Thérèse Du Parc. L'affaire concernait des empoisonnements survenus entre 1672 et 1682, où furent impliquées des personnalités de l'aristocratie, dont la marquise de Brinvilliers, exécutée en 1676. La Voisin, empoisonneuse notoire, fut brûlée vive en 1680.

II – Premiers succès et ruptures

➥ Une ascension sociale et littéraire

En 1659, à 20 ans, Racine s'installe à Paris chez son cousin Nicolas Vitart, intendant du duc de Luynes, et fréquente les salons littéraires : il se lie avec La Fontaine et commence à écrire des poèmes. Après un an dans le Gard (1661), chez un oncle chanoine dont il espère en vain recevoir une charge ecclésiastique, il rentre à Paris. Il se lie alors d'amitié avec Boileau et Molière et obtient des gratifications de Louis XIV grâce à des *Odes* à la louange de ce roi.

➥ Ses premiers succès littéraires

En 1664, il fait représenter par la troupe de Molière *La Thébaïde ou les Frères ennemis*. Cette première tragédie obtient un succès mitigé, mais la suivante, *Alexandre le Grand*, remporte un vif succès en 1665.

➥ Deux ruptures marquantes

Racine se brouille alors avec Molière et lui retire sa pièce pour la faire jouer par les comédiens de l'Hôtel de Bourgogne. Puis, en 1666, attaqué par Nicole et certains de ses anciens maîtres de Port-Royal, qui accusent le théâtre d'immoralité, Racine rompt avec eux.

III – La réussite mondaine et littéraire

➥ Un homme de Cour

Dès lors, Racine mène de front sa carrière littéraire et une vie mondaine. Il est gratifié par le roi, introduit auprès de sa belle-sœur Henriette d'Angleterre et protégé par le Grand Condé et Mme de Montespan.

➥ Ses premiers triomphes

En 1667, Racine triomphe avec *Andromaque*. Sa maîtresse, Thérèse Du Parc, qui a quitté la troupe de Molière, y tient le premier rôle. En 1668, il écrit sa seule comédie, *Les Plaideurs*. Cette même année voit aussi la mort mystérieuse de Thérèse Du Parc.

130 | Dossier Bibliolycée

IV – Des succès littéraires croissants
➡ Un auteur qui enchaîne les tragédies
De 1669 à 1677, Racine présente avec succès 6 tragédies (voir ci-contre), précédées de préfaces où il manifeste son autorité littéraire. S'y révèle le talent de la Champmeslé, sa nouvelle maîtresse.

➡ Un homme récompensé
Racine entre à l'Académie française en 1673 et reçoit, l'année suivante, la charge de trésorier de France qui lui permet de loger dans le luxueux hôtel des Ursins.

V – *Phèdre* : cabale et consécration
➡ La cabale de *Phèdre*
En 1677, Racine choisit, pour *Phèdre et Hippolyte* (rebaptisée *Phèdre* dix ans plus tard), un sujet de la mythologie grecque emprunté à Euripide. Mais il est aussitôt concurrencé par la *Phèdre et Hippolyte* de Pradon et se heurte alors à une violente cabale qui critique sa pièce au nom de la bienséance.

➡ La consécration
Après l'intervention du Grand Condé, cette querelle aboutit à la consécration de la pièce de Racine et à la nomination de ce dernier, avec Boileau, comme historiographe du roi. *Phèdre* marque donc le sommet de son œuvre, et cette charge une apothéose.

VI – Arrêt du théâtre et changement de vie
➡ Un mariage prolifique
En juin 1677, il épouse la riche Catherine de Romanet dont il aura 7 enfants. Il s'éloigne alors, pendant douze ans, du théâtre et se consacre à sa famille.

➡ Réconciliation avec Port-Royal
Dans la préface de *Phèdre*, Racine a amorcé un rapprochement avec ses anciens maîtres jansénistes. Il se réconciliera avec Arnauld en 1685.

▷ **DES SUCCÈS**
Racine publie, entre autres, *Britannicus* (1669) et *Bérénice* (1670), avec des sujets romains, *Bajazet* (1672), avec un sujet oriental, et *Mithridate* (1673) et *Iphigénie* (1674), dont le sujet est emprunté à Euripide et Homère.

Voltaire (*Dictionnaire philosophique*, article « Amplification », 1764) à propos de Phèdre :
« Ce rôle est le plus beau qu'on ait jamais mis sur le théâtre en aucune langue. »

▷ **ÉLOGE DE CORNEILLE**
À la mort de son rival Pierre Corneille en 1684, Racine lui rend hommage à l'Académie dans un discours célèbre :
« Où trouvera-t-on un poète qui ait possédé à la fois tant de grands talents, tant d'excellentes parties ? »

▶ **MME DE MAINTENON ET SAINT-CYR**
En 1684, Mme de Maintenon, épouse officieuse de Louis XIV, convainc ce dernier de faire construire une maison d'éducation à Saint-Cyr, pour les jeunes filles de familles nobles mais pauvres. C'est là qu'elle se retirera après la mort du roi.

➥ **Historiographe du roi**

Sa tâche d'historiographe accapare Racine. Avec Boileau, il suit le roi dans ses campagnes et publie, en 1684, un *Éloge historique du roi sur ses conquêtes*.

VII – Derniers succès

➥ **Retour tardif à la scène**

En 1688, à la demande de Mme de Maintenon, Racine revient au théâtre pour composer une tragédie à sujet biblique, *Esther*, chantée et dansée devant le roi par les demoiselles de Saint-Cyr. En 1691, il donne une autre pièce biblique chantée : *Athalie*. Ces deux pièces connaissent un grand succès.

➥ **Anoblissement**

Anobli, Racine est fait gentilhomme ordinaire de la Chambre du roi et obtient un appartement à Versailles, ultime récompense de sa carrière de courtisan.

VIII – Les dernières années

➥ **Défense de Port-Royal**

Racine mène désormais une vie pieuse et retirée. Il intervient en faveur des jansénistes de Port-Royal persécutés. Redevenu proche du Grand Arnauld, il est le seul représentant de la Cour à ses funérailles (1694) et il salue Nicole comme un de ses meilleurs amis.

▶ **ÉLOGE FUNÈBRE**
Nicolas Boileau écrit : « *Sa Majesté m'a parlé de M. Racine d'une manière à donner envie aux courtisans de mourir, s'ils croyaient qu'elle parlât d'eux de la sorte après leur mort* » (Boileau, *Lettres à Brossette*, lettre XC, 9 mai 1699).

➥ **Dernières œuvres**

Il écrit, en 1694, des *Cantiques spirituels*. En 1696, il achète une charge de conseiller-secrétaire du roi, qui lui cause des soucis financiers. Il publie la 3ᵉ édition de ses *Œuvres* et travaille à un *Abrégé de l'histoire de Port-Royal*, qui sera publié, inachevé, après sa mort.

➥ **Décès**

Racine meurt à Paris le 21 avril 1699. Il est enterré à Port-Royal-des-Champs selon ses vœux. En 1711, ses cendres sont transférées à Paris, dans l'église Saint-Étienne-du-Mont.

3 Un siècle de bouleversements

I – La monarchie absolue de droit divin

➡ Un auteur proche du roi Louis XIV

L'œuvre de Racine est, en grande partie, écrite entre 1665 et 1680, au moment où s'affirme la monarchie absolue de Louis XIV. Toutes ses pièces sont jouées à la Cour, les dernières étant commandées par Mme de Maintenon, épouse secrète du roi ; et sa carrière d'historiographe s'attache aux dernières actions du souverain dont il suit les campagnes militaires.

➡ Concentration des pouvoirs et droit divin

Louis XIV commence à régner en 1661, après la régence de sa mère Anne d'Autriche secondée par Mazarin. Il instaure alors un pouvoir personnel fort et concentre tous les pouvoirs.

Il entraîne la noblesse dans ses guerres de conquête et l'installe à la Cour du château de Versailles. Il y organise le culte de sa personne, celui du Roi-Soleil, et attend de ses sujets l'obéissance due à un monarque de droit divin, c'est-à-dire tenant son pouvoir de Dieu. Malgré la misère du peuple, c'est une période de développement économique et culturel considérable.

II – Le mécénat royal

➡ Le protectorat des artistes

Louis XIV veut donner un essor décisif aux arts et aux lettres en protégeant les artistes. En leur versant des « pensions », il les encourage à célébrer sa grandeur de monarque. Ainsi, Racine, introduit à la Cour par son cousin Nicolas Vitart, se fait remarquer dès 1660 par ses poèmes faisant l'éloge du roi.

➡ Les créateurs « classiques » de Versailles

Louis XIV s'entoure de créateurs pour les aménagements du château de Versailles : architectes (Mansard)

> ▶ **PERSÉCUTION DES PROTESTANTS**
> Pour renforcer son pouvoir, Louis XIV s'attaque au protestantisme. Par les dragonnades (intrusions de soldats chez les protestants), il force certains à se convertir au catholicisme. En 1685, le roi signe l'édit de Fontainebleau qui révoque l'édit de Nantes, par lequel Henri IV était parvenu à garantir des droits aux protestants et à mettre une fin relative à une guerre civile coûteuse (1562-1598). Il s'ensuit des persécutions et des émigrations massives vers l'Angleterre, les Provinces-Unies et le Brandebourg.

Contexte | 133

▶ *LE MERCURE GALANT*
Journal de chroniques littéraires, *Le Mercure galant* de Donneau de Visé, fondé en 1672, rend compte des événements et des parutions littéraires.

▶ BAROQUE ET CLASSICISME
Le baroque est un mouvement littéraire et artistique européen qui, depuis l'Italie, se développe de la fin du XVIe siècle au XVIIIe. Le style baroque joue avec les codes et les règles ; exubérant et fastueux, il cherche à surprendre et à éblouir.
Le classicisme, qui va s'opposer au baroque, est le terme donné au XIXe siècle pour caractériser l'esthétique française sous Louis XIV : imitation des Anciens, souci de la clarté et de la rigueur, recherche du raisonnable et de l'universel...

et peintres (Le Brun), qui tracent les plans et la décoration du palais ; paysagistes (Le Nôtre), qui dessinent les jardins ; musiciens (Lulli, Couperin, Charpentier) ; sculpteurs (Coysevox) ; et hommes de lettres (Boileau, Molière, Racine). Ce sont ces productions artistiques que les spécialistes ont qualifiées, *a posteriori*, de « classiques » – terme caractérisant un art qui se démarque du baroque par son goût de la norme.

III – Les œuvres littéraires classiques

➡ Les œuvres et l'idéal classiques

Entre 1660 et 1685, la création littéraire foisonne, prenant les Anciens pour modèles : dernières tragédies de Corneille, théâtre de Molière et de Racine, *La Princesse de Clèves* de Mme de Lafayette, traités et poésies de Boileau, *Fables* de La Fontaine et *Maximes* de La Rochefoucauld. La recherche de l'ordre et de la mesure caractérise ces œuvres, reflétant l'idéal de « l'honnête homme » poursuivi au XVIIe siècle. On nomme « classicisme » cette période, qui fixe aussi une langue française alors en quête de perfection.

➡ Rivalités et querelles

La diversité de ces œuvres suscite des discussions passionnées dans les salons littéraires. Les théâtres proposent des pièces rivales sur les mêmes sujets, comme *Phèdre et Hippolyte*. La célèbre « querelle des Anciens et des Modernes » oppose les mérites des œuvres modernes aux mérites des œuvres anciennes.

➡ Des artistes dépendants

Les créateurs sans fortune personnelle sont dépendants du pouvoir qui les protège. Ainsi, Racine, de condition modeste, renie ses maîtres pour servir le roi qui le protège. Il finit par composer ses pièces exclusivement pour Versailles, cumulant pension, distinctions et charges. Devenu, avec Boileau, historiographe du roi, il est chargé de faire l'éloge des événements du règne de Louis XIV.

Dossier Bibliolycée

IV – Un théâtre de Cour

➦ La langue de la Cour

Poète courtisan, Racine cherche d'abord à « plaire et toucher », à séduire les esprits raffinés de l'élite noble et fortunée de la Cour. Il lui faut donc employer une belle langue héritée de la préciosité, émouvante et policée, et d'une solennité conforme aux usages (l'étiquette) de l'entourage royal.

➦ L'actualité de la Cour

Les héros tragiques, mythologiques ou historiques sont tous des grands du monde de la Cour. Ces rois, princes et courtisans évoquent aussi, par allusions, l'actualité politique et amoureuse et les mœurs de l'époque, le souci de la gloire et du paraître chez les gens de Cour, et leur faiblesse réelle derrière leur grandeur apparente.

V – Racine et le jansénisme

➦ Le jansénisme

Le contexte religieux de *Phèdre* est marqué par un débat sur la part de la liberté et de la grâce divine dans le salut des hommes. En 1640, le théologien hollandais Jansénius expose les principes du jansénisme dans son *Augustinus* : la grâce de Dieu, nécessaire au salut des hommes, est accordée seulement à quelques élus prédestinés, tandis que les autres sont voués à la damnation. Les jésuites affirment, au contraire, que l'homme peut, par sa conduite, obtenir à tout moment la grâce de Dieu, qui est Amour. La doctrine janséniste vaut à Port-Royal l'accusation d'hérésie et des persécutions.

➦ *Phèdre* janséniste ?

On peut lire dans *Phèdre* cette vision janséniste, pessimiste et désespérée à travers le rôle de la puissance divine (Vénus, Neptune) décidant du sort de l'homme impuissant, ainsi que la prédestination

---

▌ LES JÉSUITES
La Compagnie de Jésus est un ordre religieux catholique dont les membres sont appelés « jésuites ». Fondée en 1534 par l'Espagnol Ignace de Loyola, elle est puissante et influente à la Cour et possède de nombreux collèges.

▌ PERSÉCUTIONS CONTRE LES JANSÉNISTES
Le jansénisme est condamné par le pape en 1653. Le pouvoir royal prend le parti des jésuites et persécute les jansénistes dès 1664. Les religieuses de Port-Royal seront dispersées en 1709 et l'abbaye sera rasée en 1713.

Contexte | 135

Antoine Arnauld (1612-1694), dit « le Grand Arnauld », gravure de Gérard Edelinck d'après une peinture de Jean-Baptiste Champaigne.

à l'œuvre dans la fatalité qui poursuit les personnages et la faute familiale originelle qui est à l'origine de cette malédiction.

VI – Le théâtre au temps de Racine

➥ L'évolution du théâtre

Racine développe, de 1664 à 1677, un art dramatique déjà mis en place par Corneille. Son œuvre est marquée par l'évolution de ce théâtre, au cœur de débats théoriques passionnés. Au début du XVIIe siècle, des baladins proposaient un répertoire assez pauvre à un public médiocre, mais, à la fin du siècle, le théâtre présente des chefs-d'œuvre à un public raffiné.

➥ Les troupes de théâtre

Des troupes rivales se partagent les théâtres : l'Hôtel de Bourgogne, où Racine fait représenter ses pièces ; le Marais, où a été joué Corneille ; le Palais-Royal, que Molière partage avec les Comédiens-Italiens. Les auteurs créent leurs personnages pour les acteurs qui les incarnent : les héroïnes de Racine doivent ainsi beaucoup à Thérèse Du Parc et à la Champmeslé.

➥ Des genres de plus en plus variés

Les formes de théâtre se multiplient : tragédies, tragi-comédies, tragédies en musique, comédies, comédies pastorales… Dans la première moitié du siècle, les tragi-comédies baroques côtoient les tragédies classiques de Pierre Corneille. Plus tard, d'autres formes de tragédies, écrites par Thomas Corneille ou Quinault, rivalisent avec celles de Racine : la tragédie galante et la tragédie lyrique.

VII – La représentation théâtrale au XVIIe siècle

➥ Deux types de salles

Dans les théâtres, les salles forment surtout de grands rectangles « à la française », mais elles

> **❱ APPEL AUX JANSÉNISTES**
> Dans sa préface, Racine écrit que « *Phèdre n'est ni tout à fait coupable ni tout à fait innocente* ». Il en appelle aux jansénistes, affirmant que sa pièce est « *un moyen de réconcilier la tragédie avec quantité de personnes célèbres par leur piété et leur doctrine, qui l'ont condamnée dans ces derniers temps* ».

Contexte | 137

▶ **L'ÉCOLE DU VICE**
Bossuet dénonce
le théâtre comme
une école du vice qui
incite à imiter des
passions immorales :
*« La passion passe
de l'âme des acteurs
dans celle des
spectateurs. On
devient bientôt
un acteur secret de
la tragédie : on y joue
sa propre passion »*
(Bossuet, *Maximes
et Réflexions sur
la comédie*, 1694).

▶ **À LIRE**
• Louis Cognet,
Le Jansénisme,
« Que sais-je ? »,
PUF, 1998.
• Hubert Métivier,
Le Siècle de Louis XIV,
« Que sais-je ? »,
PUF, 1998.

s'arrondissent aussi « à l'italienne », permettant ainsi aux spectateurs de se voir.

➥ **La représentation**

L'espace de jeu est limité sur la scène par les bancs réservés aux spectateurs fortunés, souvent bruyants. Les décors pompeux, les costumes fastueux des comédiens tragiques, leurs gestes et leur élocution proche de l'art oratoire ecclésiastique, ainsi que la prononciation des alexandrins comme une sorte de mélopée évoquent une cérémonie à la hauteur de la noblesse des sujets traités.

VIII – Le statut des écrivains

➥ **Évolution de leur statut**

Le statut des écrivains est alors difficile et plein de contradictions. Méprisés d'abord pour leur naissance médiocre par la noblesse féodale, les gens de lettres se voient de plus en plus appréciés avec l'ascension d'une bourgeoisie cultivée et mondaine et aussi grâce aux bénéfices du mécénat royal.

➥ **Dénonciation des comédiens**

Au XVIIᵉ siècle, l'Église et les dévots, comme Pascal, Bossuet et les jansénistes, condamnent encore les mœurs libertines des comédiens, qui sont excommuniés et privés de sépulture religieuse. C'est la raison de la brouille violente de Racine avec ses maîtres de Port-Royal. Et c'est aussi pourquoi Corneille, Molière et lui-même défendront avec énergie l'utilité morale du théâtre.

4 Sources et réception de l'œuvre

I – L'influence des Anciens

Phèdre appartient aux tragédies mythologiques de Racine (comme *Andromaque* et *Iphigénie*). L'auteur indique ses sources dans sa préface : l'argument de la pièce provient des tragédies *Hippolyte porte-couronne* du poète grec Euripide (Ve s. av. J.-C.) et *Phèdre* du poète et philosophe latin Sénèque (Ier s. ap. J.-C.).

➡ Euripide

Chez Euripide, on trouve la passion de Phèdre pour son beau-fils, l'aveu, l'intervention de Neptune et le suicide de l'héroïne. Mais les héros sont victimes d'un conflit entre Aphrodite et Artémis. Aphrodite se venge d'Hippolyte qui, vouant un culte à Artémis, a dédaigné l'amour qu'elle lui portait. Phèdre se pend avant le retour de Thésée en accusant Hippolyte de viol. Artémis révèle enfin à Thésée l'innocence de son fils tué par Poséidon.

➡ Sénèque

Chez Sénèque, Phèdre devient l'héroïne de la pièce. Elle justifie son infidélité par celle de son mari. Elle déclare sa flamme à Hippolyte, l'accuse par affolement, l'innocente elle-même à la fin et se tue par désespoir d'amour. Racine conserve dans sa pièce cet aspect plus passionnel.

➡ L'originalité de Racine

Racine emprunte le personnage d'Aricie à l'*Énéide* du poète latin Virgile, mais il lui donne le rôle de princesse héritière potentielle, liant ainsi amour et politique, et invente ses amours avec Hippolyte. Il met l'absence et le retour de Thésée au cœur de l'intrigue – ce qui construit la progression psychologique et dramatique de son récit.

▶ **COMPOSITION DE *PHÈDRE***
Nous savons peu de chose sur la genèse de la pièce. Mais son écriture n'a sans doute pas commencé avant le début de l'année 1676, date de la parution du second volume des *Œuvres* de Racine.

▶ **APHRODITE, ARTÉMIS, POSÉIDON**
Aphrodite, déesse de l'Amour, a pour correspondant latin Vénus. Artémis, déesse de la Chasse et de la Chasteté, a pour correspondant latin Diane. Poséidon, dieu de la Mer, a pour correspondant latin Neptune.

Sources et réception de l'œuvre | 139

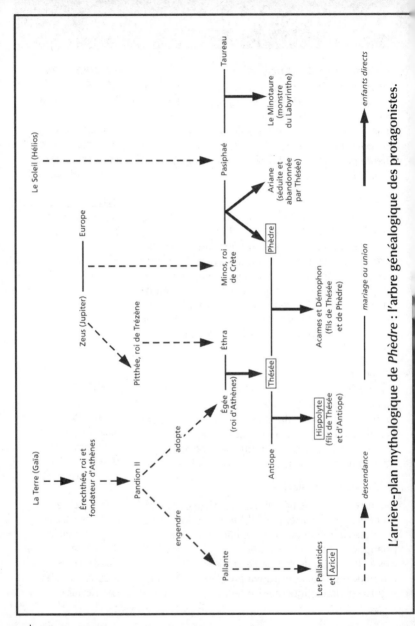

➥ Les autres pièces de la même époque

Avant les tragédies de Racine et de Pradon, trois pièces intitulées *Hippolyte* avaient déjà été écrites en France sur ce sujet par Robert Garnier (1573), Gabriel Gilbert (1646) et Mathieu Bidar (1675). Mais Phèdre n'y est que fiancée à Thésée, et il n'est plus question d'adultère, d'inceste et de vengeance divine – ce qui édulcore ces œuvres, dans un souci de bienséance[1].

II – L'influence janséniste

➥ Une vision pessimiste du monde

On peut lire, dans *Phèdre*, les thèmes récurrents de la vision pessimiste du monde des maîtres jansénistes de Racine : la faute et la culpabilité ; la puissance divine (Vénus, Neptune) décidant du sort de l'homme impuissant ; la prédestination présente dans la fatalité qui écrase Phèdre ; ainsi que la « faute originelle », à la source de cette malédiction.

➥ Phèdre, personnage janséniste

Phèdre est désespérée car elle ne peut ni vivre dans un monde radicalement mauvais, ni se tourner vers un « Dieu caché » qui ne veut pas l'aider, puisque son âme ne semble pas prédestinée au salut. Le Grand Arnauld, maître de Racine à Port-Royal, écrivit que Phèdre était une *« chrétienne à qui la grâce a manqué »*. Face à l'arbitraire des décisions divines, la souffrance des personnages manifeste l'inquiétude et la solitude profondes des hommes.

III – Réception de l'œuvre : la cabale de *Phèdre*

➥ Au sommet de la gloire

Le 1er janvier 1677, quand sa pièce *Phèdre* est représentée à l'Hôtel de Bourgogne, Racine s'est imposé comme le meilleur dramaturge de sa

---

❱ **DES FIGURES MYTHIQUES**
Issus de dieux ou porteurs de noms légendaires, les personnages des pièces classiques sont à la fois grands et seuls du fait de leur origine. Ils expriment ainsi la tragédie de la condition humaine.

NOTE ◀

1. **bienséance :** usages à respecter, dans une pièce classique, afin de ne pas heurter les goûts et les préjugés du public, en évitant paroles, situations et idées qui pourraient choquer.

génération. Jouissant d'une pension du roi, académicien depuis 1672, il donne toutes ses pièces à la Cour et il est au faîte de sa gloire littéraire et mondaine.

➡ **La cabale**

Mais *Phèdre* doit aussitôt affronter la concurrence de la *Phèdre et Hippolyte* de Pradon. Il s'ensuit une querelle virulente au cours de laquelle Boileau défend la pièce de Racine, tandis que ses rivaux, partisans de Pradon, et les ennemis de sa protectrice Mme de Montespan l'attaquent, diffusant un sonnet injurieux contre lui. On critique l'impudeur de Phèdre, la longueur du récit de Théramène, la crédulité de Thésée. Après deux mois de cabale et l'intervention du Grand Condé, la pièce de Pradon disparaît de l'affiche et Racine triomphe de son rival.

Phèdre est, aujourd'hui, considérée comme le sommet artistique de Racine.

5 Un modèle de tragédie classique

La tragédie est un genre littéraire codifié, où se mêlent différents registres, dont le registre tragique.

I – À l'origine, la tragédie grecque

➡ Histoire de la tragédie antique

La tragédie naît dans la Grèce antique au Ve siècle av. J.-C., atteint son apogée et disparaît en un siècle avec le déclin d'Athènes. Écrite pour les fêtes de cette cité données en l'honneur de Dionysos et pour les concours de dramaturges, elle a des origines religieuses. Elle emprunte ses thèmes et ses personnages à la mythologie (dieux et héros).

Discours poétique joué et chanté, la tragédie suscite l'émotion en confrontant les hommes à des destins effrayants. Elle est d'abord un dialogue entre un personnage et un chœur qui commente en chantant et dansant. Puis les auteurs tragiques grecs Eschyle, Sophocle et Euripide augmentent successivement le nombre des acteurs et la place du dialogue et approfondissent la psychologie des personnages.

➡ Les règles antiques : Aristote et Horace

La source du système dramatique des tragédies antiques se trouve dans la *Poétique* d'Aristote (384-322 av. J.-C.), ouvrage portant sur l'art poétique et proposant des règles pour écrire une bonne tragédie, ainsi que dans l'*Art poétique* du poète latin Horace (65-8 av. J.-C.).

II – La tragédie en France

➡ Au XVIe siècle

En France, le genre tragique apparaît au XVIe siècle avec l'engouement pour l'Antiquité. Les « tragédies humanistes » écrites par Robert Garnier, Étienne Jodelle et Antoine de Montchrestien sont surtout marquées par le registre pathétique.

▶ **TRAGÉDIE**
Le mot *tragédie* vient du grec ancien et signifie « le chant du bouc ».

▶ **STRUCTURE D'UNE TRAGÉDIE**
• exposition ;
• crise et conflit tragique ;
• développement de l'intrigue et péripéties ;
• dénouement.

▶ **CARACTÉRISTIQUES DE LA TRAGÉDIE**
Aristote a défini les caractéristiques de la tragédie : la *mimesis* (imitation de la nature humaine), la *catharsis* (purgation des passions), les parties de la tragédie et ses règles de composition. Horace ajoute le *decorum* (bienséance) et l'*utile dulci* (joindre l'utile à l'agréable et plaire en instruisant).

Genre et mouvement littéraires | 143

▶ LA RÈGLE DES TROIS UNITÉS

« Qu'en un jour, en un lieu, un seul fait accompli / Tienne jusqu'à la fin le théâtre rempli » (Boileau, *Art poétique*, 1674).

▶ DRAMATURGIE RACINIENNE

Jean Racine résume ses règles dramaturgiques dans ses préfaces : ne pas peindre de héros parfaits *(Andromaque)* ; observer la vraisemblance *(Britannicus)* ; imiter les Anciens *(Iphigénie)* ; respecter la morale *(Phèdre)*.

➡ Au XVIIᵉ siècle

La tragédie se constitue comme genre au XVIIᵉ siècle (1630-1640), sous l'impulsion de la nouvelle Académie française. Ce genre est codifié à partir des principes d'Aristote, et la doctrine classique est édictée par Boileau dans son *Art poétique*.

➡ Définition et caractéristiques

Une tragédie classique est une pièce de théâtre en cinq actes, écrite en alexandrins dans un style noble, dont le sujet est emprunté à la mythologie, la Bible ou l'histoire. Elle met en scène des personnages de haut rang (rois, princes, dieux) qui ne sont ni totalement bons ni totalement mauvais. Elle présente des événements exceptionnels, mais vraisemblables, et une crise politique ou amoureuse dont l'issue, presque toujours fatale, conduit les personnages à leur perte. Elle vise à éduquer le public en représentant les malheurs provoqués par les passions et à susciter ainsi terreur et pitié.

➡ Les trois règles classiques

Les règles du théâtre classique visent l'intérêt du spectateur et le respect de la raison et de l'ordre.

La règle de la **vraisemblance** impose des personnages et des événements historiques et/ou mythologiques, ainsi que la cohérence de l'action et des personnages, en évitant le merveilleux.

Celle de la **bienséance** proscrit de la scène ce qui pourrait heurter la pudeur ou la sensibilité du public. Ainsi, dans *Phèdre*, Aricie ne peut suivre Hippolyte sans être mariée, et la mort violente de ce dernier est racontée mais pas représentée sur scène.

Selon la **règle des trois unités**, l'unité de lieu impose un lieu neutre et propice aux rencontres (un palais), l'unité de temps limite l'action tragique à 24 heures, et l'unité d'action concentre les intrigues secondaires autour de l'intrigue principale. Dans *Phèdre*, l'action centrée sur la passion de Phèdre pour

Hippolyte – celle entre Hippolyte et Aricie lui étant étroitement liée – se déroule le jour du retour de Thésée à Trézène, dans une antichambre du palais.

➦ Composition

Comme beaucoup de tragédies classiques, *Phèdre* débute **in medias res** (au milieu de l'histoire) à l'aube, en un lieu (vestibule), au cours d'un entretien entre un héros et son confident (Hippolyte et Théramène). L'exposition doit être rapide, intéressante et vraisemblable. La crise tragique s'ouvre sur un conflit, lié à un **obstacle extérieur** (l'interdiction de Thésée à propos d'Aricie) **ou intérieur** (la passion moralement interdite de Phèdre), et forme le nœud de la pièce. Dans le développement de l'intrigue, la **fatalité tragique** agit en détériorant les relations familiales (l'adultère, l'inceste et l'infanticide dans *Phèdre*). Des rivalités pour le pouvoir, comme la succession de Thésée, compliquent souvent l'intrigue. Des péripéties modifient la situation des protagonistes, telles l'annonce du décès puis celle du retour de Thésée. Des **malentendus ou quiproquos** retardent la crise, comme dans les scènes d'aveu de *Phèdre*. Le dénouement tranche le fil de l'action, souvent par la mort des héros, et doit être cohérent, rapide et complet. Une seconde fin peut permettre le **retour à l'ordre** : ainsi, l'adoption d'Aricie par Thésée.

III – Le tragique racinien

➦ La passion tragique

Chez Racine, la passion est tragique et irrépressible. Elle est frappée d'interdit, s'attachant à un être qu'on ne peut aimer sans crime et qui souvent en aime un autre. Face aux obstacles, cette passion possessive conduit à l'affrontement, telle la fureur de Phèdre après son aveu à Hippolyte (II, 5). L'échec de la relation amoureuse peut déclencher une relation d'autorité. Par jalousie, le détenteur du pouvoir

▶ **LE DRAME CORNÉLIEN**
Chez Corneille, les sujets sont inspirés de l'histoire. Ses héros, séparés par une situation tragique, parviennent, par leurs combats, à s'unir en suscitant, après la crainte et la pitié, l'admiration du spectateur. Sa conception du théâtre a évolué du baroque à un classicisme plus régulier.

▶ **LA CÉRÉMONIE TRAGIQUE**
Dans l'Antiquité, la tragédie était une forme de cérémonie mettant en question l'homme et le monde. De même, au XVIIe siècle, la tragédie met en débat les conflits de l'homme avec la société, ses lois et ses interdits, la légitimité du souverain et la religion.

Genre et mouvement littéraires | 145

▶ **L'ÉROS RACINIEN SELON BARTHES**
Roland Barthes distingue deux formes d'amours chez Racine : « *l'Éros immédiat* » et « *l'Éros sororal* ». Le premier est décrit par Phèdre (I, 3), passion brutale et frappée d'interdit. Le second est un amour non passionnel et réciproque, mais qui est aussi condamné à l'échec, tel celui d'Hippolyte et Aricie (Roland Barthes, *Sur Racine*, Seuil, 1963).

▶ **PAROLE ET SILENCE**
« *Dire ou ne pas dire ? Telle est la question* », écrit Roland Barthes à propos de *Phèdre*, affirmant ainsi le rôle tragique de la parole et du silence au théâtre.

peut préférer le meurtre à l'échec. Mais, si la passion exclusive condamne le héros au malheur, l'amour tendre et réciproque échoue lui aussi.

➡ **Fatalité et culpabilité tragiques**

Racine précise, dans sa préface, que Phèdre n'est « *ni tout à fait coupable ni tout à fait innocente* ». Elle se sait coupable de sa passion et de la calomnie qui va provoquer la mort d'Hippolyte, mais sa faute est atténuée, car il n'est que son beau-fils et elle croit Thésée mort quand elle se déclare (II, 5). Elle est aussi influencée par Œnone, qu'elle rend responsable de ses fautes (IV, 6 et V, 7). Surtout, elle se sent impuissante face à la vengeance fatale de Vénus qui poursuit sa famille : sa mère Pasiphaé, frappée d'une passion interdite ; elle-même, tentant en vain d'éloigner Hippolyte (I, 3). Pourtant, Phèdre se juge coupable, appelant « *crime* » sa passion et se considérant comme un « *monstre* ». Sa culpabilité, conjuguée avec la fatalité, est tragique.

➡ **Parole et action tragiques**

La faute de Phèdre est d'abord de rompre le silence pour confier sa passion à Œnone et l'avouer à Hippolyte. C'est cette parole, arrachée malgré elle puis énoncée avec honte, et son silence face à Thésée qui conduisent Phèdre à sa perte. En chassant Œnone, puis en avouant sa faute à Thésée et en innocentant Hippolyte, elle choisit finalement de dire la vérité en mourant.

C'est aussi le silence d'Hippolyte sur la vérité, malgré ses sous-entendus, qui le mène à la mort. Et c'est pour avoir écouté les mensonges d'Œnone, sans comprendre les signes de son fils, et n'avoir su dire qu'une parole d'autorité aveugle, que Thésée provoque la perte d'Hippolyte et son propre malheur.

➡ **Temps et lieu tragiques**

Le temps aussi contribue au tragique chez Racine. Au début de la pièce, la vengeance divine et la

146 │ Dossier Bibliolycée

passion ont déjà frappé les héros. Phèdre, prise de court par l'annonce du retour de Thésée, n'a pas le temps de revenir sur ses aveux, et Thésée regrette trop tard sa prière à Neptune après le suicide d'Œnone (V, 5).

Le lieu tragique est un espace clos que les héros veulent fuir – Hippolyte pour chercher son père, et Phèdre pour mourir. Mais ils restent prisonniers de leurs passions, et l'extérieur s'avère tout aussi dangereux : le redouté Thésée arrive par la mer, d'où surgit aussi le monstre qui va tuer Hippolyte.

➡ **Le poids de la mythologie**

Dès l'exposition nous est présenté un arrière-plan mythologique inquiétant, qui écrase les héros : les exploits de Thésée, ses victoires sur les monstres (dont le Minotaure) et sur les Pallantides, frères d'Aricie ; ses conquêtes féminines, dont Antiope, la mère d'Hippolyte, et Ariane, la sœur de Phèdre, qu'il a abandonnée ; les Enfers où siège Minos, le père de Phèdre ; le monde redoutable des dieux (Vénus provoque la passion de Phèdre pour se venger de son aïeul le Soleil, Neptune envoie un monstre tuer Hippolyte).

IV – Tragédie et politique

➡ **Conflits pour le pouvoir**

La tragédie classique mène aussi une réflexion politique sur la monarchie absolue. Ainsi, dans *Phèdre*, la mort supposée de Thésée pose le problème du choix du successeur. C'est d'ailleurs en évoquant ces problèmes que Phèdre et Hippolyte dévoilent leurs sentiments. Enfin, l'interdit pesant sur Aricie, qui force Hippolyte à cacher ses sentiments, renforce le lien étroit entre amour et politique.

➡ **Tyrans et conseillers**

Dans la tragédie, le roi tenant son autorité de Dieu, sa personne est sacrée et toute révolte impie. Mais il

▌▶ **LE CHOIX POLITIQUE DU SUCCESSEUR**
Dans *Phèdre*, il y a 4 prétendants au trône :
– la princesse athénienne Aricie, dont Thésée, en tuant ses frères, a écarté la famille du trône ;
– Hippolyte, né du premier mariage de Thésée avec Antiope (reine des Amazones), donc prétendant illégitime, mais aimé du peuple ;
– Démophon et Acamas, fils de Phèdre et de Thésée, donc prétendants légitimes.
Hippolyte cherche un partage équitable entre ces prétendants.

Genre et mouvement littéraires | 147

doit éviter l'arbitraire, veiller sur ses sujets et respecter la justice. Or les rois se comportent souvent en tyrans : ainsi en est-il de la colère injuste et meurtrière de Thésée. Ils redeviennent parfois de bons souverains en prenant conscience de leur faute, comme lorsque Thésée répare la sienne en adoptant Aricie. Et la responsabilité des erreurs incombe souvent aux mauvais conseillers, telle Œnone, qui empoisonnent l'esprit du souverain et permettent ainsi au dramaturge de préserver l'image de la monarchie.

V – Les registres dans *Phèdre*

⟿ Registre pathétique[1]

Le registre pathétique correspond à l'une des visées du tragique : provoquer la pitié pour la souffrance d'un personnage. Le langage pathétique se traduit par les interrogations rhétoriques, les exclamations, les images et les hyperboles.
Pathétique est la situation d'Hippolyte (acte IV), victime impuissante de la tyrannie de son père et de la jalousie de sa belle-mère (IV, 4). Pathétique est celle de Phèdre, luttant contre sa passion (I, 3) et criant son amour à Hippolyte (II, 5) tout en étant rejetée ; pathétique est son désespoir, quand elle évoque le bonheur interdit et la paix impossible à trouver (IV, 6).

⟿ Registre épique

Le registre épique vient de l'épopée[2], récit glorifiant les hauts faits historiques ou mythologiques d'ancêtres légendaires, de héros qui affrontent des forces surhumaines. Hyperboles, métaphores, énumérations et lexique mélioratif caractérisent ce registre.
Le registre épique contribue au tragique par l'admiration exaltée que le courage héroïque des personnages suscite chez le spectateur : tel est le cas de l'évocation des exploits de Thésée par Hippolyte (I, 1), de ses propres exploits par Thésée (III, 5) et du récit de la mort d'Hippolyte (V, 6).

▶ **GENRE ET REGISTRE TRAGIQUES**
Le registre tragique se confond d'abord avec la tragédie classique. Il naît de la lutte, victorieuse ou vouée à l'échec, d'un héros contre une force qui le dépasse. Mais ce n'est plus un registre réservé au théâtre. Certains romans, certains poèmes, certains essais jouent aussi sur cette tonalité tragique.

▶ **NOTES**

1. pathétique : du grec *pathos*, qui signifie « souffrance ».

2. épopée : du grec *épos*, qui signifie « parole ».

148 | Dossier Bibliolycée

6 Étude des personnages

I – Les personnages principaux

➡ L'héroïne Phèdre

Dans la préface de sa pièce, Racine affirme que Phèdre a toutes les qualités *« propres à exciter la compassion et la terreur »*.

• Une héroïne innocente

Épouse trompée par son mari Thésée et qui subit la fatalité de la vengeance de Vénus contre les descendants du dieu-Soleil (en grec, son nom signifie d'ailleurs « la Brillante »), **Phèdre se pose d'abord en victime innocente**. Ce sont donc les *« feux »* de Vénus qu'elle éprouve à travers sa passion adultère, incestueuse et irrépressible pour son beau-fils Hippolyte, telle qu'elle la décrit à Œnone. C'est une véritable maladie qui ravage son âme et son corps (I, 3).

Phèdre : *« Ce n'est plus une ardeur dans mes veines cachée : / C'est Vénus toute entière à sa proie attachée »* (I, 3, v. 305-306).

Phèdre dit avoir pourtant tenté de lutter contre cette passion, en montrant de l'hostilité à l'égard d'Hippolyte et en l'exilant à Trézène. Mais Thésée l'a lui-même conduite dans cette ville et l'y a laissée. Elle appelle *« crime »* cet amour dont elle a honte et horreur, et c'est pourquoi la mort est envisagée dès le début de la pièce (I, 3) comme une possible alternative.

Phèdre : *« J'ai conçu pour mon crime une juste terreur ; / J'ai pris la vie en haine, et ma flamme en horreur »* (I, 3, v. 307-308).

• Une héroïne coupable

Phèdre est d'abord coupable d'avouer sa passion adultère à Œnone et d'écouter ses mauvais conseils. Abusée par la nouvelle de la mort de Thésée, elle commet l'erreur de déclarer son amour à son beau-fils, d'abord de manière détournée, par le biais d'un récit mythologique transposé dans le présent, puis en laissant éclater sa flamme avec violence. **Le rejet d'Hippolyte déclenche alors sa honte et sa fureur** (II, 5), et c'est Œnone

Phèdre à Œnone : *« Quand tu sauras mon crime et le sort qui m'accable, / Je n'en mourrai pas moins, j'en mourrai plus coupable »* (I, 3, v. 241-242).

Étude des personnages | 149

qui l'empêche de retourner contre elle-même l'épée qu'elle a arrachée au prince.

Affolée par la nouvelle du retour de Thésée, Phèdre laisse d'abord Œnone calomnier Hippolyte auprès de lui (III, 4). Puis elle est prise de remords et décidée à l'innocenter auprès de son père (IV, 5), mais, en apprenant l'amour qu'Hippolyte porte à Aricie, elle renonce par jalousie à le défendre, allant même jusqu'à vouloir la perte de cette princesse rivale (IV, 6).

• Un suicide qui rétablit son innocence

Phèdre : « Et la mort, à mes yeux dérobant la clarté, / Rend au jour, qu'ils souillaient, toute sa pureté » (V, 7, v. 1643-1644).

Retrouvant soudain sa lucidité devant ses crimes, Phèdre condamne enfin Œnone pour son rôle néfaste (IV, 6). En se suicidant, elle innocente auprès de Thésée Hippolyte qu'elle a laissé calomnier et tuer (V, 7). Seule sa mort lui permet de rétablir l'ordre brisé par son crime.

Phèdre peut donc apparaître comme un personnage littéralement « _monstrueux_ » – au sens antique de « désordre de la nature » –, chez qui se mêlent l'innocence et la culpabilité.

➥ **Hippolyte**

• Le chaste Hippolyte

Fils respectueux et admiratif des exploits guerriers de son père, le _« superbe Hippolyte »_, _« fils de l'Amazone »_ Antiope, réprouve cependant les frasques amoureuses de celui-ci (redoutable séducteur, Thésée a successivement enlevé Hélène, repoussé Ariane, et épousé Antiope puis Phèdre). Il est aussi inhibé par cette gloire paternelle. Et, comme par opposition, ce dresseur de chevaux et chasseur farouche semble voué à la chasteté.

Hippolyte à Aricie : « Je fuis, je l'avouerai, cette jeune Aricie, / Reste d'un sang fatal conjuré contre nous » (I, 1, v. 50-51).

• Un autre amour interdit

Si Hippolyte est l'objet de la passion coupable de Phèdre, qu'il repousse avec indignation, ce prince noble et vertueux aime lui-même d'un amour interdit la princesse Aricie, sœur des Pallantides,

150 | Dossier Bibliolycée

ennemis de sa famille et de son père. C'est pourquoi il se sent, comme Phèdre, coupable de cet amour (I, 1) et ne se déclare, lui aussi, que lorsqu'il croit son père mort. Mais leur amour est, cette fois, réciproque et ils décideront de fuir ensemble la colère de Thésée (V, 1).

Ce second couple forme avec Phèdre le triangle amoureux cher à Racine (A aime B qui aime C).

• Une mort digne et héroïque

Fidèle à sa grandeur d'âme, Hippolyte tait la vérité à son père face à la calomnie d'Œnone et ne lui révèle que son amour pour Aricie.

Son courage et sa noblesse sont, ensuite, exaltés par Théramène dans le récit qu'il fait de sa mort héroïque et de ses dernières paroles (V, 6). **Sans doute faut-il voir, dans ce personnage, l'incarnation de l'« honnête homme », qui représentait l'homme idéal au XVIIe siècle.**

➡ **Aricie**

• Un amour vertueux

Aricie est une jeune princesse courageuse. Issue des Pallantides, famille cousine de celle de Thésée, qu'il a massacrée pour conserver le trône d'Athènes, elle est retenue prisonnière et interdite de mariage, afin que le nom des Pallantides s'éteigne. Elle forme avec Hippolyte un couple tendre et vertueux, dont l'amour réciproque est contrarié par l'interdit royal. Son amour pur et raisonnable contraste avec la passion violente de Phèdre. **Son personnage correspond aussi à un idéal du XVIIe siècle et est donc le pendant féminin d'Hippolyte.**

• Un amour réciproque et tragique

Se montrant digne de lui, Aricie défend Hippolyte face à Thésée sans dénoncer Phèdre. Elle est prête à fuir avec lui (V, 1 et 3), mais la mort tragique d'Hippolyte rend cette union impossible.

Hippolyte à Thésée : « *Vous me parlez toujours d'inceste et d'adultère ? / Je me tais. Cependant Phèdre sort d'une mère, / Phèdre est d'un sang, Seigneur, vous le savez trop bien, / De toutes ces horreurs plus rempli que le mien* » (IV,2, v. 1149 à 1152).

Théramène à Thésée : « *Le ciel, dit-il, m'arrache une innocente vie. / Prends soin après ma mort de la triste Aricie* » (V, 6, v. 1561-1562).

Aricie : « *J'aime, je l'avouerai, cet orgueil généreux / Qui jamais n'a fléchi sous le joug amoureux* » (II, 2, v. 443-444).

Étude des personnages | 151

Thésée : « *Que vois-je ? Quelle horreur dans ces lieux répandue / Fait fuir devant mes yeux ma famille éperdue ?* » (III, 5, v. 953-954).

➥ Thésée

• Le héros mythique

Héros mythologique glorieux et tout-puissant, Thésée est le mari redouté de Phèdre et un père révéré par son fils. **Thésée est au cœur de l'intrigue,** car c'est lui qui a amené son épouse à Trézène et qui l'a confiée à son fils avant de partir. C'est également l'annonce de sa mort qui précipite l'aveu de Phèdre à Hippolyte et c'est celle de son retour (III, 3) qui va déclencher la calomnie d'Œnone et le dénouement tragique.

• L'erreur fatale

Thésée à son fils : « *Perfide, oses-tu bien te montrer devant moi ?* » (IV, 2, v. 1044).

Incapable de comprendre, dès son entrée sur scène, le comportement de fuite des siens (III, 5), Thésée commet une grave erreur de jugement en croyant aveuglément la calomnie d'Œnone (IV, 1) et il méconnaît les messages sous-entendus que lui adressent Hippolyte et Aricie (IV, 2 et V, 3).

• La fureur aveugle

Thésée, aveuglé par la colère, s'abandonne alors à une fureur démesurée et monstrueuse en priant son protecteur, le dieu Neptune, de le venger de son propre fils, pourtant innocent (IV, 2). En agissant ainsi, **il se fait le complice involontaire de la fatalité divine** qui pèse sur ces personnages.

• Un souverain repenti

Thésée à propos de son fils : « *Rendons-lui les honneurs qu'il a trop mérités* » (V, 7, v. 1651).

Le dernier acte est celui de sa prise de conscience progressive de l'erreur tragique qu'il a commise. En adoptant Aricie, Thésée rétablit la justice et l'ordre bouleversés et réconcilie les deux familles royales d'Athènes (V, 6).

II – Les confidents

➥ Œnone

• La nourrice aimante et dévouée

La nourrice-confidente remplit auprès de Phèdre une fonction de mère dévouée. Folle d'inquiétude

152 | Dossier Bibliolycée

devant son désir de mourir, elle lui arrache l'aveu de sa passion (I, 3), mais c'est pour l'encourager à y céder et à se déclarer à Hippolyte, après l'annonce de la mort de Thésée. Elle croit ainsi ramener Phèdre à la vie (I, 5).

• L'âme damnée de Phèdre

Œnone est, par son dévouement extrême, une mauvaise conseillère qui n'hésite pas à proposer à Phèdre de dénoncer elle-même Hippolyte. Sous prétexte de l'aider, Œnone pousse, en fait, sa maîtresse à sa perte, et, quand la reine la maudit en la traitant de *« monstre exécrable »* (IV, 6), elle n'a plus qu'à mourir, préfigurant ainsi le suicide de sa maîtresse.

Racine lui attribue, dans la préface de sa pièce, une *« bassesse »* et des *« inclinations plus serviles »* qui ôtent à Phèdre la responsabilité de l'action la plus noire de la pièce et qui permettent à l'auteur de préserver la bienséance.

Œnone à Phèdre : *« Vivez, vous n'avez plus de reproche à vous faire : / Votre flamme devient une flamme ordinaire »* (I, 5, v. 349-350).

➡ **Théramène**

• L'éducateur-confident

Théramène est l'ancien précepteur, aimant et respectueux, du prince Hippolyte. C'est lui qui reçoit d'entrée (I, 1) la confidence de son amour pour Aricie et qui l'encourage à ne pas y renoncer.

Théramène à Hippolyte : *« Il n'en faut point douter : vous aimez, vous brûlez ; / Vous périssez d'un mal que vous dissimulez »* (I, 1, v. 135-136).

• Le narrateur-témoin

À l'acte V, Théramène vient faire à Thésée le fameux récit de la mort d'Hippolyte. Il témoigne de l'horreur du combat contre le monstre, de l'héroïsme du prince et de ses dernières volontés concernant Aricie. Thésée, effondré de douleur et de remords, accomplira son vœu.

➡ **Ismène, la confidente**

Aricie confie son amour pour Hippolyte à sa confidente Ismène qui la conforte dans ce sentiment en lui parlant de l'amour réciproque qu'elle a deviné

Théramène à Thésée : *« J'ai vu des mortels périr le plus aimable, / Et j'ose dire encor, Seigneur, le moins coupable »* (V, 6, v. 1493-1494).

Étude des personnages | 153

chez le prince (II, 2). Ismène est aussi présente auprès d'Aricie après la mort d'Hippolyte (V, 6).

➡ **Panope, la messagère de mort**

Panope, suivante de Phèdre, a pour rôle d'annoncer la fausse mort de Thésée (I, 4), puis la véritable mort d'Œnone (V, 5). L'action se noue et se dénoue entre ces deux nouvelles décisives.

Portfolio

LES TROIS ÉTAPES DE LECTURE D'UNE IMAGE FIXE

1. Je découvre
- De quel type d'image s'agit-il (tableau, photo, dessin, caricature, affiche...) ?
- Quelles sont mes premières impressions (émotions, perceptions, *a priori*...) ?

2. J'observe
- Qu'est-ce qui est représenté (au premier plan et au-delà) ?
- Qu'est-ce qui me semble important (sujet, composition, graphisme, couleurs, lumière, genre, symbolique...) ?

3. J'interprète
- L'image a-t-elle une fonction descriptive ou argumentative ?
- Que cherche à exprimer, à transmettre l'auteur par cette image ?

COMPOSITION DE L'IMAGE

1. Composition générale
- Cadrage : s'agit-il d'un plan large, d'un plan rapproché, d'un gros plan ?
- Construction des plans : premier plan, second plan, arrière-plan, profondeur, perspective.
- Point de vue adopté : frontal, en plongée, en contre-plongée ?

2. Axes et structure
- Lignes de force (en noir sur le document) : les intersections entre les lignes verticales et horizontales constituent les points forts de l'image, où sont souvent situés les motifs principaux ; ces lignes et ces points créent l'ossature de l'image et guident le regard.
- Lignes de fuite (exemples en gris sur le document) : lignes que suit le regard de l'observateur selon la perspective ; elles déterminent le point de fuite, qui peut se trouver à l'intérieur ou hors de l'image.

- Masses : comment s'organisent-elles (espace chargé ou aéré, équilibré ou déséquilibré...) ? quelle est la place des personnages ou des objets par rapport au décor ?

Phèdre et Œnone dans la mise en scène de Christophe Rauck

Photographie prise en 2014,
au théâtre Gérard-Philipe de Saint-Denis.
Nada Strancar (Œnone) et Cécile Garcia-Fogel (Phèdre).
Document 1 au verso de la couverture.

Ancien acteur de la troupe du Théâtre du Soleil d'Ariane Mnouchkine, Christophe Rauck a dirigé le théâtre Gérard-Philipe à Saint-Denis (en Seine-Saint-Denis), puis le Théâtre du Nord à Lille. Il a monté de nombreuses pièces, dont *Le Mariage de Figaro* de Beaumarchais, *Les Serments indiscrets* de Marivaux et *Phèdre* de Racine.

➡ Je découvre

• Le décor

Christophe Rauck a imaginé, avec la scénographe Aurélie Thomas, un étrange décor hétéroclite formé par des appartements débordant sur scène, un enchevêtrement d'armures monumental, des lustres imposants, une tapisserie pivotante, un palais en faux-semblant et des fauteuils disparates sur un dallage à la façon grecque.

• Les costumes

Les costumes des personnages, soit contemporains (Phèdre, Œnone, Hippolyte, Théramène), soit du XVIIe siècle (armure de Thésée, pourpoint d'Aricie), allient couleurs sombres et dorées et matériaux bruts (métal, fourrure et cuir).

• Les personnages et leur texte

Phèdre, en longue tenue noire, évoque la cantatrice Maria Callas ou la chanteuse Barbara. L'alexandrin s'adapte à chaque caractère, tels le rythme violent et saccadé de Thésée ou la voix douce et aiguë d'Aricie…

➡ J'observe

• Les personnages et leur position

La photographie représente Phèdre et sa nourrice Œnone dans la scène 3 de l'acte I. Sur le matelas usé d'un vieux lit-bateau de style Empire, Phèdre est prostrée dans une position quasi fœtale sur les genoux d'Œnone qui, assise et penchée au-dessus d'elle avec inquiétude, tente de la réconforter d'un geste maternel et protecteur. La nourrice tient dans la main droite des sels destinés à soutenir Phèdre, dont le spectateur peut voir le visage tourmenté et les yeux clos.

• **Couleurs, lumière et composition**

Soulignés par l'éclairage, les tons gris du matelas et du dallage marbré au premier plan et la teinte rouge du dossier en velours contrastent avec l'arrière-plan sombre de la scène et les vêtements noirs, de style contemporain, des deux protagonistes.

Les deux femmes occupent le centre de la photographie. L'éclairage met en valeur les cheveux roux de la nourrice. Tête renversée et jambes découvertes, Phèdre semble dans une posture d'abandon sensuelle.

➡ **J'interprète**

• **La relation entre les deux femmes**

Œnone donne une impression de force rassurante au regard de l'aspect frêle de Phèdre que ses forces abandonnent au début de la scène et qui rejette ses vêtements et ses « *ornements* » après s'être assise.

Au premier abord, l'image suggère une familiarité entre les deux femmes. Mais la tendresse oppressante de la nourrice laisse aussi entrevoir son emprise sur la jeune femme.

• **La représentation de Phèdre**

La posture fœtale de Phèdre manifeste sa quête d'un refuge maternel, mais on perçoit aussi, dans la sensualité de son attitude, ses tourments amoureux et l'aveu qu'elle va faire de sa passion pour Hippolyte. Son visage dur et ravagé par la douleur exprime le désespoir qui l'habite.

• **La mise en scène**

L'arrière-plan sombre peut suggérer la nuit à laquelle Phèdre aspire et qu'elle fuit en même temps et les Enfers où siège son père. L'éclairage blafard traduit la faible présence de ce Soleil qu'elle vient voir « *pour la dernière fois* », son désespoir maladif et la clarté imminente de l'aveu qu'elle va faire.

Les costumes contemporains nous font paraître les personnages plus proches de nous, et leur couleur noire renforce l'atmosphère tragique dès le début de la pièce. Dans cette mise en scène, il est difficile, en voyant Phèdre, de ne pas penser à la chanteuse Barbara, dont les chansons disent les passions graves, contenues et explosives à la fois. Cette ressemblance mise en valeur par la coiffure, le maquillage et la longue tenue noire accentue la dimension tragique du personnage.

Enfin, le décor d'apparence vieillotte donne une impression de décadence et d'abandon qui peut traduire le désarroi et la solitude des personnages. Son aspect hétéroclite renforce en même temps la dimension baroque choisie par le metteur en scène.

Phèdre et Hippolyte dans la mise en scène de Jean-Louis Martinelli

Photographie prise en 2013 à Nanterre, au théâtre des Amandiers.
Anne Suarez (Phèdre) et Mounir Margoum (Hippolyte).
Document 2 au verso de la couverture.

Directeur du Théâtre Nanterre-Amandiers de 2002 à 2013, Jean-Louis Martinelli y a notamment créé 4 pièces de Racine : *Andromaque* (2003), *Bérénice* (2006), *Britannicus* (2012) et *Phèdre* (2013).

➡ Je découvre

- **La représentation**

La représentation imaginée par Jean-Louis Martinelli est sobre, avec une atmosphère intimiste et solennelle. Elle se déroule sans musique, avec peu de gestuelle et une déclamation des personnages mesurée et presque figée. La scène se situe dans la Grèce antique. Le péplos (tunique) monochrome des femmes et la cuirasse anatomique de Thésée sont de facture classique. Le décor, long couloir délimité par des murs symboliques, ne varie presque pas.

- **Les personnages**

Anne Suarez incarne une Phèdre très sensuelle et quasiment de l'âge d'Hippolyte, auquel Mounir Margoum prête gaucherie et sensibilité.

➡ J'observe

- **Composition générale et expressions des personnages**

La photographie est extraite de la scène 5 de l'acte II. Phèdre et Hippolyte, face à face, sont tout proches l'un de l'autre. Le couple est photographié de trois quarts, en plan rapproché.

Tournée vers nous, Phèdre, vêtue d'une longue robe drapée, a les mains et le corps, le visage et les lèvres tendus vers Hippolyte avec une expression sensuelle, pleine d'attente et d'espoir.

De dos, Hippolyte, torse nu, le cou et l'épaule gauche couverts d'une longue écharpe, place la paume de sa main devant la bouche de Phèdre, d'un geste qui peut vouloir couper la parole ou éviter un baiser. Ce geste semble esquisser une défense ferme mais douce et sans indignation apparente, puisque son autre bras, raide et immobile, ne repousse pas Phèdre.

● **Couleurs, lumière et axes**

Le contraste des couleurs oppose les deux protagonistes : chevelure blonde et robe claire de Phèdre ; vêtements, barbe et cheveux noirs d'Hippolyte. Mais l'éclairage met en valeur, en les rapprochant, le visage, le corps et la robe couleur chair de Phèdre ainsi que le dos et le bras nus d'Hippolyte. Le couple se détache sur l'arrière-plan noir, où l'on distingue le bord à peine éclairé de marches d'escalier.

La main droite d'Hippolyte trace une barre horizontale entre les deux visages, tandis que son bras gauche, tendu, trace une ligne verticale, qui contraste avec le bras plié et la main ouverte de Phèdre. L'espace ainsi créé entre leurs deux corps maintient une distance malgré la proximité.

➡ **J'interprète**

● **Le moment de la scène représenté**

On peut penser que le moment représenté ici est celui où Hippolyte dit à Phèdre affolée par la passion : *« Dieux ! qu'est-ce que j'entends ! Madame, oubliez-vous / Que Thésée est mon père, et qu'il est votre époux ? »*

● **Le projet du metteur en scène**

Dans ses notes et ses interviews, Jean-Louis Martinelli affirme que le personnage principal de la pièce n'est pas Phèdre, mais le désir. Il insiste sur la rencontre de deux « dépressions », liées à des amours interdites : celle de Phèdre découvrant la passion et celle d'Hippolyte découvrant le désir après l'avoir longtemps refusé. Ce metteur en scène veut mettre l'accent sur le trouble exercé par Phèdre sur Hippolyte, même si ce dernier la repousse.

● **L'ambivalence d'Hippolyte**

On peut donc mieux interpréter l'ambivalence de l'attitude d'Hippolyte, se défendant avec peine contre le désir pressant de Phèdre, qui vient de lui demander, de façon à peine voilée, de se substituer à Thésée. En effet, cette photographie pourrait représenter un geste tendre de la part d'Hippolyte si l'on en ignorait le contexte, tant il semble mettre peu de conviction à éloigner Phèdre de lui.

● **L'attraction des sens et la distance tragique**

L'éclairage contrasté qui divise et réunit les corps des personnages, l'expression amoureuse du visage de Phèdre face au mystère sur celui d'Hippolyte, la proximité physique des corps des personnages malgré l'espace inscrit entre eux… tout contribue à produire à la fois un effet d'attraction mutuelle, déclarée chez Phèdre et contenue chez Hippolyte, et une distance, instaurée par Hippolyte malgré son trouble et sur laquelle Phèdre ne se méprendra pas.

Thésée et Hippolyte dans la mise en scène de Jean-Louis Martinelli

Photographie prise en 2013 à Nanterre, au théâtre des Amandiers.
Hammou Graïa (Thésée) et Mounir Margoum (Hippolyte).
Document 3 au verso de la couverture.

Selon le metteur en scène Jean-Louis Martinelli, « *l'excès de violence accumulée en chacun des héros raciniens pousse la parole hors de leur bouche. Le silence les usait mais les préservait, la parole les délivre de l'excès d'humeur et les condamne* ».

➡ **Je découvre**

• **La représentation**

Pour le détail de la représentation, se reporter à la page 158.

• **Les personnages**

Mounir Margoum incarne un Hippolyte gauche et sensible, tandis que Hammou Graïa campe un Thésée brutal qui détonne par sa diction gutturale.

➡ **J'observe**

• **Composition générale, costumes et expressions des personnages**

Les deux protagonistes de la scène 2 de l'acte IV sont photographiés en gros plan et occupent tout l'espace de l'image. Thésée et Hippolyte sont face à face et très proches. Nous voyons l'un de face et l'autre de profil. Thésée agrippe le cou de son fils et le force à le regarder dans les yeux. Il est vêtu d'une cuirasse, tandis qu'Hippolyte, torse nu, porte une large écharpe rouge jetée sur l'épaule. L'expression de Thésée, front plissé, menton en avant et regard noir, paraît à la fois furieuse et inquisitrice. Hippolyte semble le fixer gravement, avec un visage impassible.

• **Couleurs, lumière et axe**

L'éclairage souligne ici, en se détachant sur le fond noir, le contraste entre la couleur métallique et le matériau dur de la cuirasse du père et le rouge vif et l'étoffe

olle de l'écharpe qui couvre l'épaule nue du fils. Il coupe aussi le visage de
Thésée en deux, avec un côté lumineux et un côté sombre. Il met, enfin, l'accent
sur la puissance de la tête et du geste du bras du héros Thésée, face au visage
une et émacié mais fier du bel Hippolyte.

Le centre de la photo se situe entre les deux regards qui se cherchent, dans la
distance et la proximité.

J'interprète

● Le moment de la scène représenté

On peut supposer que cette image correspond à l'un des moments d'interroga-
tion et de doute de Thésée : soit au début de la scène, quand il s'étonne que le
visage et le maintien d'Hippolyte portent le signe de la vertu et non de la perfidie
dont il le croit coupable ; soit lorsqu'il doute un instant de la sincérité de l'amour
que son fils lui avoue porter à Aricie (v. 1127).

● L'ambivalence de Thésée

Le gros plan permet de comprendre l'ambivalence de Thésée, partagé entre la
fureur et le doute, cherchant la vérité au fond des yeux de son fils qui préférera
n'en dire qu'une partie plutôt que de dénoncer Phèdre. Cette ambivalence est
visible à la poigne qui enserre le cou d'Hippolyte, lui faisant sentir à la fois sa
puissance et son impuissance à comprendre, et toute la violence et la faiblesse
de son amour. Le visage de Thésée, partagé en deux par l'éclairage, connote
aussi le trouble du personnage.

● Le bourreau et la victime

Thésée, par sa cuirasse et la violence, même contenue, de sa colère, préfigure
l'orgueil du bourreau qu'il est en train de devenir, tandis qu'Hippolyte, par son
silence et sa résignation tragiques, s'affiche déjà comme une victime expiatoire,
désignée par le foulard rouge sang qu'il porte sur son corps à demi nu. Mais le
geste d'affection virile et de quête inquiète du père manifeste aussi l'ultime pres-
sentiment de l'erreur tragique qu'il va commettre.

Thésée et Théramène dans la mise en scène de Christophe Rauck

Document 4

Photographie prise en 2014,
au théâtre Gérard-Philipe de Saint-Denis.
Olivier Werner (Thésée) et Julien Roy (Théramène).
Document 4 au verso de la couverture.

C'est à l'époque où il en était le directeur que Christophe Rauck a mis en scène *Phèdre* de Racine au théâtre Gérard-Philipe de Saint-Denis (93). Interrogé sur cet auteur classique, il a déclaré que Racine était « *un chirurgien de l'âme humaine, de ce qui fait vibrer l'être au plus profond de lui-même* ».

➡ **Je découvre**

Christophe Rauck nous propose de *Phèdre* une vision baroque où décors e costumes mêlent époques et genres (voir l'étude plus détaillée figurant à l page 156).

➡ **J'observe**

• **Composition générale, costumes et attitudes des personnages**

On voit ici, en plan large, la partie gauche de la scène.
Au premier plan, Thésée est assis en armure sur un siège, tenant un gant d'acie et regardant, à sa droite, avec une sorte de recul horrifié, un amoncellemen d'armures et de têtes de chevaux enchevêtrées qui semble se disloquer derrièr un fauteuil en cuir rouge orangé.
Au second plan, debout derrière un canapé de cuir rouge, se tient Théramène, er vêtements noirs contemporains. Il regarde avec tristesse Thésée qui lui tourne le dos. Sur le sol gisent des morceaux de bois cassés devant une épée.
À l'arrière-plan, un mur noir dégradé.

• **Couleurs et axes**

Les 4 couleurs dominantes (noir, blanc, rouge orangé et fer) sont celles du méta des armures, rappelé par le blanc des taches sur le mur et des marques au sol et le rouge orangé des trois fauteuils, qui tranchent avec le noir du sol, du mur et du costume de Théramène. Une ligne de force réunit les regards de Théramène

Dossier Bibliolycée

Thésée dirigés vers le bas de la statue faite d'armures. Le centre de la photo-
aphie est le visage de Thésée.

J'interprète

• **Le moment de la scène représenté**

n peut supposer que ce moment se situe à la fin du récit de Théramène, quand
s paroles font place à un silence de deuil. Thésée l'a écouté, et, avec la douleur
e voir s'écrouler sa vie, il sent grandir en lui le regret et le soupçon (v. 1571 à
573). Il prend peu à peu conscience de son erreur tragique, mais il ne connaît
as encore la vérité de la bouche de Phèdre.

• **Le symbole de la statue d'armures**

a statue fait écho à l'armure de Thésée et peut représenter toute la gloire pas-
ée de ce héros guerrier et conquérant, et toute la vanité de ses exploits que
n fils Hippolyte admirait tant. Thésée contemple, avec effroi et horreur, cette
ausse grandeur qui s'effondre par la faute de son orgueil insensé et de sa colère
rannique.

• **La transposition de la mort d'Hippolyte**

a scène de mort est évoquée par la dislocation de la statue de fer, dont l'aspect
onstrueux peut renvoyer au monstre marin évoqué par Théramène dans son
écit, mais aussi au cadavre d'Hippolyte, rendu méconnaissable par le meurtre
iolent qu'il a subi. La tête de cheval rappelle aussi la passion de ce dernier pour
et animal.

a mort d'Hippolyte, qui ne devait pas être représentée sur scène par respect de
a bienséance, apparaît donc ici symboliquement, tant par la présence et les cou-
eurs du fer, du sang et de la mort que par la monstruosité de la statue disloquée,
t par l'effet de deuil et de sidération qui l'accompagne.

Phèdre, Thésée et Théramène
dans la mise en scène de Patrice Chéreau

Photographie prise en 2003, à l'Odéon-Théâtre de l'Europe aux Ateliers Berthier.
Pascal Greggory (Thésée), Dominique Blanc (Phèdre) et Michel Duchaussoy (Théramène).
Document 5 au verso de la couverture.

Acteur (*Adieu Bonaparte* de Youssef Chahine…), metteur en scène de théâtre (*La Dispute* de Marivaux, *Combat de nègre et de chiens* de Bernard-Marie Koltès, *Phèdre* de Racine…) et d'opéra (*L'Anneau du Nibelung* de Richard Wagner, *Elektra* de Richard Strauss…), directeur de théâtre (théâtre de Sartrouville, TNP de Villeurbanne, Nanterre-Amandiers), scénariste et réalisateur (*La Reine Margot, Ceux qui m'aiment prendront le train*…), Patrice Chéreau a connu la reconnaissance de la profession et le succès public. Il est décédé, en 2013, d'un cancer du poumon, à l'âge de 68 ans.

➡ **Je découvre**

• **La scénographie**

Montée aux Ateliers Berthier (nom de la seconde salle de l'Odéon), cette pièce a remporté un grand succès public et critique (3 Molières). La mise en scène de Patrice Chéreau veut rapprocher le spectacle du public. Les acteurs côtoient les spectateurs au début de la pièce. Le dispositif bifrontal (gradins des deux côtés de la scène) crée un huis clos oppressant. Le décor se résume à une porte de temple ouverte et quelques chaises éparses.

Les costumes, contemporains, sont simples et de couleur symbolique : robe noire ou bleue dévoilant les épaules de Phèdre pâle, faible et trébuchante ; manteau pourpre de Thésée, le colérique tueur de monstres ; habit blanc d'Hippolyte, puis noir comme sa colère sourde, et enfin cadavre ensanglanté dans la scène finale. Un halo de lumière se déplace et enferme les personnages, telle la fatalité tragique. L'épée d'Hippolyte, symbole essentiel, passe de main en main ou reste à terre.

• **Les personnages**

Une diction très naturelle remplace la scansion de l'alexandrin. L'amour et la colère, la honte et la douleur se manifestent physiquement : Phèdre prostrée par douleur, se cambrant sous le désir et caressant Hippolyte ; Aricie à genoux, cachant la tête de honte ; Thésée écrasant de son pied la tête de son fils et effondrant à l'annonce de sa mort.

➤ J'observe

• Composition générale, costumes et attitudes des personnages

La photographie montre ici deux halos de lumière, l'un sombre (pour Phèdre) et l'autre clair (pour Thésée). Au premier plan, Phèdre se traîne à terre, mourante, redressant son visage qu'on voit de profil, les yeux clos, dans les soubresauts de l'agonie. Sa robe bleue découvre le haut de son corps, et un manteau noir traîne à ses pieds. Au second plan, debout de profil dans une position hiératique et tenant son glaive à la main droite, Thésée semble se détourner en partie de sa femme et jeter devant lui un regard dur et douloureux. On distingue, à l'arrière-plan, le manteau bleu de Théramène.

• Couleurs, lumière et axes

Le contraste des couleurs bleue et pourpre en pleine lumière, mais aussi la ligne horizontale de la mourante et celle, verticale, de celui qui reste opposent Phèdre et Thésée. Les regards convergent vers l'épée tournée vers le sol, dont la luminosité semble éclairer le front de Thésée et le haut du corps de Phèdre. Les lignes de fuite représentées par l'ombre de Thésée et le bras droit de Phèdre sont à l'opposé. Au centre, le glaive semble les trancher. La direction prise par Thésée va le mener vers le cadavre de son fils, gisant au fond de la scène.

➤ J'interprète

• Le moment de la scène représenté

Le moment représenté est celui des ultimes mots de Phèdre, lorsqu'elle évoque l'arrivée de la mort qui lui ferme les yeux, juste avant son dernier souffle. Thésée va immédiatement exprimer la volonté d'effacer le souvenir de Phèdre et celui de son crime et se tourner vers le corps de son fils pour le pleurer, réhabiliter sa mémoire et calmer *« ses mânes irrités »* en réparant sa faute auprès d'Aricie.

• La victime expiatoire et le « juge-pénitent »

Phèdre rend l'âme dans d'atroces souffrances, et sa position paraît être celle d'une victime expiatoire qui s'est elle-même condamnée et qui tend encore une main suppliante vers l'inconnu de la mort.

Dans la main de Thésée, le glaive semble alors celui de la justice, tranchant entre le mal et le bien. Thésée se détourne pour rétablir cette justice qu'il a lui-même contribué à mettre à mal.

Les cercles de la fatalité se referment sur deux destins tragiques et opposés : seul le suicide de Phèdre peut expier le crime d'inceste et de sang et permettre à la vie de renaître à travers Aricie.

8) Prolongements

Pièce riche et complexe, *Phèdre* a suscité de nombreuses critiques et interprétations. Mises en scène multiples, réécritures et adaptations montrent la postérité de ce mythe moderne sans cesse renouvelé.

LES PRINCIPALES PHÈDRE

L'histoire de la mise en scène de *Phèdre* se confond longtemps avec de grandes actrices. Au XVIIe siècle triomphe la célèbre Champmeslé. Au XVIIIe, Adrienne Lecouvreur, Mlle Dumesnil et Mlle Clairon remportent de grands succès dans ce rôle. Au XIXe, Rachel et Sarah Bernhardt enthousiasment le public.

PHÈDRE AUX XXE ET XXIE SIÈCLES

L'époque contemporaine, « temps des metteurs en scène », présente des lectures renouvelées de *Phèdre*.

En 1942, à la Comédie-Française, Jean-Louis Barrault montre *« le drame de la sexualité »* avec une Phèdre mûre et sensuelle, incarnée par Marie Bell. Il accentue la symétrie de la construction de *Phèdre*, orchestrée comme une symphonie à 4 mouvements.

En 1975, Antoine Vitez souligne les dimensions janséniste et politique de la pièce. L'entrée en scène de Phèdre (âgée de 20 ans) annonce le caractère inéluctable de la tragédie.

En 2003, au théâtre de l'Odéon, Patrice Chéreau confie le rôle-titre à Dominique Blanc. Il accentue l'humanité et l'érotisme de Phèdre face à un Hippolyte mûr et solide.

ÉCHOS ROMANESQUES

Des romans évoquent la pièce de Racine.

Dans *La Curée* (1871) d'Émile Zola, Renée, l'épouse du spéculateur immobilier Saccard, devient la maîtresse de son beau-fils Maxime. Lors d'une représentation de *Phèdre*, elle est bouleversée en reconnaissant leur histoire.

Dans *À l'ombre des jeunes filles en fleurs* (1919), deuxième tome

> « Phèdre *n'est pas un concerto pour femme, mais une symphonie pour orchestre d'acteurs.* »
> Jean-Louis Barrault, *Mise en scène de Phèdre*, Le Seuil, 1946.

de *À la Recherche du temps perdu*, le jeune Marcel Proust voit la célèbre actrice la Berma jouer dans *Phèdre*. Mais, après avoir lu la pièce avec passion, il est déçu par le jeu de l'actrice.

Et, dans *Albertine disparue* (1925), Proust voit dans la scène d'aveu comme une *« sorte de prophétie des épisodes amoureux de* [sa] *propre existence »*.

VERSION « BULLES »

En 2006, Armel (Ressot) publie une version illustrée en noir et blanc de *Phèdre* aux éditions Petit à Petit. Le texte est reproduit intégralement, annoté et commenté. Le traitement, plutôt classique, est néanmoins assez moderne pour séduire un lectorat jeune.

PARODIE

Pierre Dac est l'auteur, en 1935, d'une parodie de *Phèdre* à écouter sur : pierredac.free.fr/phedre.htm.

SUR LA TOILE

L'INA (ina.fr) propose un très riche fonds de films, d'interviews et d'émissions, que vous pourrez compléter par :
– un dossier édité par le théâtre de l'Odéon, qui contient un résumé de *Phèdre*, des commentaires de l'œuvre, des comparaisons de mises en scène du XXe siècle et une biographie de Racine (theatre-odeon.fr/fichiers/t_downloads/file_284_dpd__phedre.pdf) ;
– un riche dossier établi par ARTE (download.pro.arte.tv/archives/fichiers/01672816.pdf) ;
– une réflexion pluridisciplinaire : « Pourquoi jouer *Phèdre* aujourd'hui ? » (vimeo.com/19619010).

FILMER *PHÈDRE*

En 1968, Pierre Jourdan met en scène *Phèdre* avec Marie Bell.

En 2003, c'est au tour de Stéphane Medge de porter à l'écran la mise en scène de Patrice Chéreau avec Dominique Blanc.

CONSEILS de LECTURE

- Christian Biet, *Les Miroirs du Soleil*, « Découvertes Gallimard », Gallimard, 2000 : pour découvrir Louis XIV et ses artistes.
- Jean Rohou, *Jean Racine, bilan critique*, « 128 », Nathan, 2003 : pour découvrir l'histoire de la réception de l'œuvre de Racine.

Prolongements | 167

La tragédienne Marie Desmares,
dite « la Champmeslé » (1642-1698).

Dossier
spécial BAC

1 **Sujets d'écrit**

▶ Sujet 1   170

▶ Sujet 2   174

2 **Sujets d'oral**

▶ Sujet 1   181

▶ Sujet 2   185

Sujets d'écrit

SUJET 1

▶ Texte A : Jean Racine, *Phèdre*

THÉRAMÈNE

1 […]
Hippolyte lui seul, digne fils d'un héros,
Arrête ses coursiers[1], saisit ses javelots,
Pousse au monstre, et, d'un dard[2] lancé d'une main sûre,
5 Il lui fait dans le flanc une large blessure.
De rage et de douleur le monstre bondissant
Vient aux pieds des chevaux tomber en mugissant,
Se roule, et leur présente une gueule enflammée
Qui les couvre de feu, de sang et de fumée.
10 La frayeur les emporte ; et, sourds à cette fois,
Ils ne connaissent plus ni le frein[3] ni la voix.
En efforts impuissants leur maître se consume ;
Ils rougissent le mors d'une sanglante écume.
On dit qu'on a vu même, en ce désordre affreux,
15 Un dieu qui d'aiguillons pressait leur flanc poudreux.
À travers des rochers la peur les précipite ;
L'essieu crie, et se rompt. L'intrépide Hippolyte
Voit voler en éclats tout son char fracassé ;
Dans les rênes lui-même il tombe embarrassé.
20 Excusez ma douleur. Cette image cruelle
Sera pour moi de pleurs une source éternelle.
J'ai vu, Seigneur, j'ai vu votre malheureux fils
Traîné par les chevaux que sa main a nourris.
Il veut les rappeler, et sa voix les effraie ;
25 Ils courent. Tout son corps n'est bientôt qu'une plaie.
De nos cris douloureux la plaine retentit.
Leur fougue impétueuse enfin se ralentit :
Ils s'arrêtent, non loin de ces tombeaux antiques
Où des rois ses aïeux sont les froides reliques.
30 J'y cours en soupirant, et sa garde me suit.

170 | Special bac

De son généreux sang la trace nous conduit :
Les rochers en sont teints ; les ronces dégouttantes[4]
Portent de ses cheveux les dépouilles sanglantes.
J'arrive, je l'appelle ; et, me tendant la main,
Il ouvre un œil mourant, qu'il referme soudain.
« Le Ciel, dit-il, m'arrache une innocente vie. […] »

5

Jean Racine, *Phèdre*, extrait de la scène 6 de l'acte V,
vers 1527 à 1561, 1677.

1. coursiers : chevaux. **2. un dard :** une lance. **3. frein :** morceau du harnais qui permet de
diriger le cheval. **4. dégouttantes :** d'où tombent des gouttes de sang.

▶ **Texte B : Eugène Ionesco,** *Le Roi se meurt*

Le roi Bérenger Ier, mourant, est révolté à l'idée de mourir. Sa femme
Marguerite l'accompagne dans cet ultime instant.

1   MARGUERITE. Il perçoit encore les couleurs. Des souvenirs colorés.
Ce n'est pas une nature auditive. Son imagination est purement
visuelle… c'est un peintre… trop partisan de la monochromie[1]. *(Au
Roi.)* Renonce aussi à cet empire. Renonce aussi aux couleurs. Cela
5   t'égare encore, cela te retarde. Tu ne peux plus t'attarder, tu ne
peux plus t'arrêter, tu ne dois pas. *(Elle s'écarte du Roi.)* Marche tout
seul, n'aie pas peur. Vas-y. *(Marguerite, dans un coin du plateau, dirige
le Roi, de loin.)* Ce n'est plus le jour, ce n'est plus la nuit, il n'y a plus
de jour, il n'y a plus de nuit. Laisse-toi diriger par cette roue qui
10 tourne devant toi. Ne la perds pas de vue, suis-la, pas de trop près,
elle est embrasée, tu pourrais te brûler. Avance, j'écarte les brous-
sailles, attention, ne heurte pas cette ombre qui est à ta droite…
Mains gluantes, mains implorantes, bras et mains impitoyables, ne
revenez pas, retirez-vous. Ne le touchez pas, ou je vous frappe ! *(Au
15 Roi.)* Ne tourne pas la tête. Évite le précipice à ta gauche, ne crains
pas ce vieux loup qui hurle… ses crocs sont en carton, il n'existe
pas. *(Au loup.)* Loup, n'existe plus ! *(Au Roi.)* Ne crains pas non plus
les rats. Ils ne peuvent pas mordre tes orteils. *(Aux rats.)* Rats et vi-
pères, n'existez plus ! *(Au Roi.)* Ne te laisse pas apitoyer par le men-
20 diant qui te tend la main… Attention à la vieille femme qui vient
vers toi… Ne prends pas le verre d'eau qu'elle te tend. Tu n'as pas

CORPUS ET SUJETS DU BAC

soif. *(À la vieille femme imaginaire.)* Il n'a pas besoin d'être désaltéré
bonne femme, il n'a pas soif. N'encombrez pas son chemin. Éva-
nouissez-vous. *(Au Roi.)* Escalade la barrière… Le gros camion ne
25   t'écrasera pas, c'est un mirage… Tu peux passer, passe… Mais non,
les pâquerettes ne chantent pas, même si elles sont folles. J'absorbe
leurs voix ; elles, je les efface !… Ne prête pas l'oreille au murmure
du ruisseau. Objectivement, on ne l'entend pas. C'est aussi un faux
ruisseau, c'est une fausse voix… Fausses voix, taisez-vous. *(Au Roi.)*
30   Plus personne ne t'appelle. Sens, une dernière fois, cette fleur et
jette-la. Oublie son odeur. Tu n'as plus la parole. À qui pourrais-
tu parler ? Oui, c'est cela, lève le pas, l'autre. Voici la passerelle, ne
crains pas le vertige. *(Le Roi avance en direction des marches du trône.)*
Tiens-toi tout droit, tu n'as pas besoin de ton gourdin, d'ailleurs tu
35   n'en as pas. Ne te baisse pas, surtout, ne tombe pas. Monte, monte.
(Le Roi commence à monter les trois ou quatre marches du trône.) Plus
haut, encore plus haut, monte, encore plus haut, encore plus haut,
encore plus haut. *(Le Roi est tout près du trône.)* Tourne-toi vers
moi. Regarde-moi. Regarde à travers moi. Regarde ce miroir sans
40   image, reste droit… Donne-moi tes jambes, la droite, la gauche. *(À
mesure qu'elle lui donne ces ordres, le Roi raidit ses membres.)* Donne-
moi un doigt, donne-moi deux doigts… trois… quatre… cinq…
les dix doigts. Abandonne-moi le bras droit, le bras gauche, la poitrine, les deux épaules et le ventre. *(Le Roi est immobile, figé comme
45   une statue.)* Et voilà, tu vois, tu n'as plus la parole, ton cœur n'a plus
besoin de battre, plus la peine de respirer. C'était une agitation bien
inutile, n'est-ce pas ? Tu peux prendre place.

[…]

RIDEAU**²**

Eugène Ionesco, *Le Roi se meurt,* Gallimard, 1963. Tous les droits d'auteur
de ce texte sont réservés. Sauf autorisation, toute utilisation de celui-ci
autre que la consultation individuelle et privée est interdite.

1. monochromie : qui est d'une seule couleur.
2. Les dernières paroles de Marguerite sont suivies de quelques indications scéniques.

172   Spécial bac

SUJET 1

Texte C : Laurent Gaudé, *Le Tigre bleu de l'Euphrate*

Alexandre le Grand est sur le point de mourir. Après avoir chassé son entourage au premier acte, il raconte à la Mort, qu'il imagine devant lui, sa rencontre avec le Tigre bleu : comment il a su que le but de sa vie était de le suivre dans des terres inconnues, à travers le Moyen-Orient, et comment, sur l'insistance de ses soldats, il a fini par y renoncer et par rebrousser chemin. Cet extrait est situé à la fin de la pièce.

1   [...]
Je vais mourir seul
Dans ce feu qui me ronge,
Sans épée, ni cheval,
5   Sans ami, ni bataille,
Et je te demande d'avoir pitié de moi,
Car je suis celui qui n'a jamais pu se rassasier,
Je suis l'homme qui ne possède rien
Qu'un souvenir de conquêtes.
10   Je suis l'homme qui a arpenté la terre entière
Sans jamais parvenir à s'arrêter.
Je suis celui qui n'a pas osé suivre jusqu'au bout le tigre bleu de l'Euphrate.
J'ai failli[1].
Je l'ai laissé disparaître au loin
15   Et depuis je n'ai fait qu'agoniser.
À l'instant de mourir,
Je pleure sur toutes ces terres que je n'ai pas eu le temps de voir.
Je pleure sur le Gange[2] lointain de mon désir.
Il ne reste plus rien.
20   Malgré les trésors de Babylone[3],
Malgré toutes ces victoires,
Je me présente à toi, nu comme au sortir de ma mère.
Pleure sur moi, sur l'homme assoiffé.
Je ne vais plus courir,
Je ne vais plus combattre,
25   Je serai bientôt l'une de ces millions d'ombres qui se mêlent et s'entrecroisent dans tes souterrains sans lumière.

Sujets d'écrit   173

CORPUS ET SUJETS DU BAC

Mais mon âme, longtemps encore, sera secouée du souffle du cheval.
Pleure sur moi,
Je suis l'homme qui meurt
Et disparaît avec sa soif.

Laurent Gaudé, *Le Tigre bleu de l'Euphrate*, acte X, Actes Sud, 2002.

1. J'ai failli : j'ai échoué. **2. Gange :** fleuve de l'Inde qu'Alexandre le Grand n'a pas pu atteindre. **3.** Cette capitale de la Perse marque le début de la conquête d'Alexandre.

Sujets du bac

➡ **Question**

Comparez les choix adoptés par les trois auteurs pour évoquer la mort sur scène.

➡ **Commentaire**

Vous ferez le commentaire du texte de Laurent Gaudé (texte C).

➡ **Dissertation**

Dans quelle mesure la mise en scène renforce-t-elle l'émotion suscitée par le texte de théâtre ? Vous répondrez à cette question en vous appuyant sur les textes du corpus et sur votre expérience de spectateur.

➡ **Sujet d'invention**

En vous appuyant sur vos lectures et votre expérience de spectateur, imaginez une lettre dans laquelle Eugène Ionesco donnerait à un metteur en scène des indications sur le rôle de Marguerite et sur la mise en scène du dénouement de sa pièce.

SUJET 2

❚ Texte A : Jean Racine, *Phèdre*

HIPPOLYTE

1 Madame, il n'est pas temps de vous troubler encore.
Peut-être votre époux voit encore le jour ;

174 Spécial bac

Le ciel peut à nos pleurs accorder son retour.
Neptune le protège, et ce dieu tutélaire
Ne sera pas en vain imploré par mon père.

PHÈDRE

On ne voit point deux fois le rivage des morts,
Seigneur. Puisque Thésée a vu les sombres bords,
En vain vous espérez qu'un dieu vous le renvoie,
Et l'avare Achéron[1] ne lâche point sa proie.
Que dis-je ? Il n'est point mort, puisqu'il respire en vous.
Toujours devant mes yeux je crois voir mon époux.
Je le vois, je lui parle ; et mon cœur... Je m'égare,
Seigneur, ma folle ardeur malgré moi se déclare.

HIPPOLYTE

Je vois de votre amour l'effet prodigieux.
Tout mort qu'il est, Thésée est présent à vos yeux ;
Toujours de son amour votre âme est embrasée.

PHÈDRE

Oui, Prince, je languis, je brûle pour Thésée.
Je l'aime, non point tel que l'ont vu les Enfers,
Volage adorateur de mille objets divers,
Qui va du dieu des Morts déshonorer la couche ;
Mais fidèle, mais fier, et même un peu farouche,
Charmant, jeune, traînant tous les cœurs après soi,
Tel qu'on dépeint nos dieux, ou tel que je vous voi.
Il avait votre port, vos yeux, votre langage,
Cette noble pudeur colorait son visage
Lorsque de notre Crète il traversa les flots,
Digne sujet des vœux des filles de Minos[2].
Que faisiez-vous alors ? Pourquoi, sans Hippolyte,
Des héros de la Grèce assembla-t-il l'élite ?
Pourquoi, trop jeune encor, ne pûtes-vous alors
Entrer dans le vaisseau qui le mit sur nos bords ?
Par vous aurait péri le monstre de la Crète,
Malgré tous les détours de sa vaste retraite.
Pour en développer l'embarras incertain,
Ma sœur du fil fatal eût armé votre main.
Mais non, dans ce dessein je l'aurais devancée :

Sujets d'écrit | 175

CORPUS ET SUJETS DU BAC

L'amour m'en eût d'abord inspiré la pensée.
C'est moi, Prince, c'est moi dont l'utile secours
Vous eût du Labyrinthe enseigné les détours.
40 Que de soins m'eût coûtés cette tête charmante !
Un fil n'eût point assez rassuré votre amante.
Compagne du péril qu'il vous fallait chercher,
Moi-même devant vous j'aurais voulu marcher ;
Et Phèdre au Labyrinthe avec vous descendue
45 Se serait avec vous retrouvée, ou perdue.

HIPPOLYTE

Dieux ! qu'est-ce que j'entends ! Madame, oubliez-vous
Que Thésée est mon père, et qu'il est votre époux ?

PHÈDRE

Et sur quoi jugez-vous que j'en perds la mémoire,
Prince ? Aurais-je perdu tout le soin de ma gloire ?

Jean Racine, *Phèdre*, extrait de la scène 5 de l'acte II, v. 618 à 666, 1677.

1. Achéron : fleuve des Enfers que Thésée aurait franchi pour enlever l'épouse du dieu des Morts. **2.** Filles du roi de Crète, Ariane et Phèdre avaient été, tour à tour, séduites par Thésée, qui, guidé par le fil d'Ariane, avait tué le Minotaure dans le Labyrinthe.

▶ Texte B : Victor Hugo, *Ruy Blas*

Amis de jeunesse, Ruy Blas, homme du peuple, et Don César, de naissance aristocratique, ont partagé le même goût pour la liberté insouciante. Des années plus tard, ils se retrouvent. Don César n'a pas changé, tandis que Ruy Blas a dû, pour survivre, devenir le laquais d'un ministre du roi.

RUY BLAS

1 Hier, il[1] m'a dit : – Il faut être au palais demain.
Avant l'aurore. Entrez par la grille dorée. –
En arrivant il m'a fait mettre la livrée[2],
Car l'habit odieux sous lequel tu me vois,
5 Je le porte aujourd'hui pour la première fois.

DON CÉSAR, *lui serrant la main.*
Espère !

176 | Spécial bac

RUY BLAS

   Espérer ! Mais tu ne sais rien encore.
Vivre sous cet habit qui souille et déshonore,
Avoir perdu la joie et l'orgueil, ce n'est rien.
Être esclave, être vil ; qu'importe ? – Écoute bien :
Frère ! je ne sens pas cette livrée infâme,
Car j'ai dans ma poitrine une hydre[3] aux dents de flamme
Qui me serre le cœur dans ses replis ardents.
Le dehors te fait peur ? Si tu voyais dedans !

DON CÉSAR

  Que veux-tu dire ?

RUY BLAS

     Invente, imagine, suppose.
Fouille dans ton esprit. Cherches-y quelque chose
D'étrange, d'insensé, d'horrible et d'inouï.
Une fatalité dont on soit ébloui !
Oui, compose un poison affreux, creuse un abîme
Plus sourd que la folie et plus noir que le crime :
Tu n'approcheras pas encor de mon secret.
– Tu ne devines pas ? – Hé ! qui devinerait ? –
Zafari[4] ! dans le gouffre où mon destin m'entraîne,
Plonge les yeux ! – je suis amoureux de la reine !

DON CÉSAR

  Ciel !

RUY BLAS

   Sous un dais[5] orné du globe impérial,
Il est, dans Aranjuez ou dans l'Escurial,
– Dans ce palais, parfois, – mon frère, il est un homme
Qu'à peine on voit d'en bas, qu'avec terreur on nomme ;
Pour qui, comme pour Dieu, nous sommes égaux tous ;
Qu'on regarde en tremblant et qu'on sert à genoux ;
Devant qui se couvrir est un honneur insigne[6] ;
Qui peut faire tomber nos deux têtes d'un signe ;
Dont chaque fantaisie est un événement ;
Qui vit, seul et superbe, enfermé gravement
Dans une majesté redoutable et profonde,

CORPUS ET SUJETS DU BAC

35   Et dont on sent le poids dans la moitié du monde.
Eh bien ! – moi, le laquais, – tu m'entends, – eh bien ! oui,
Cet homme-là ! le roi ! je suis jaloux de lui !

DON CÉSAR
Jaloux du roi !

RUY BLAS
              Hé, oui ! jaloux du roi ! sans doute,
Puisque j'aime sa femme !

DON CÉSAR
                  Oh ! malheureux !

Victor Hugo, *Ruy Blas*, extrait de la scène 3 de l'acte I, 1838.

1. il : le ministre du roi. **2. livrée :** habit porté par le domestique d'une grande maison.
3. hydre : monstre mythologique. **4. Zafari :** surnom de Don César. **5. dais :** tapisserie
tendue au-dessus d'un trône, d'une estrade… **6. insigne :** remarquable ; les grands
d'Espagne n'étaient pas forcés de se découvrir en présence du roi.

▶ Texte C : Nathalie Sarraute, *Pour un oui ou pour un non*

Alors qu'ils étaient des amis de toujours, H2 s'est éloigné brusquement
de H1 qui ne comprend pas pourquoi.

1   H1 : Eh bien, je te demande, au nom de tout ce que tu prétends que
j'ai été pour toi… au nom de ta mère… de nos parents… je t'adjure
solennellement, tu ne peux plus reculer… Qu'est-ce qu'il y a eu ?
Dis-le… tu me dois ça…

5   H2, *piteusement* : Je te dis : ce n'est rien qu'on puisse dire… rien dont
il soit permis de parler…

H1 : Allons, vas-y…

H2 : Eh bien, c'est juste des mots…

H1 : Des mots ? Entre nous ? Ne me dis pas qu'on a eu des mots… ce
10   n'est pas possible… et je m'en serais souvenu…

H2 : Non, pas des mots comme ça… d'autres mots… pas ceux dont
on dit qu'on les a «eus»… Des mots qu'on n'a pas «eus», justement… On ne sait pas comment ils vous viennent…

H1 : Lesquels ? Quels mots ? Tu me fais languir… tu me taquines…

SUJET 2

5 H2 : Mais non, je ne te taquine pas… Mais si je te les dis…

H1 : Alors ? Qu'est-ce qui se passera ? Tu me dis que ce n'est rien…

H2 : Mais justement, ce n'est rien… Et c'est à cause de ce rien…

H1 : Ah on y arrive… C'est à cause de ce rien que tu t'es éloigné ? Que tu as voulu rompre avec moi ?

0 H2, *soupire* : Oui… c'est à cause de ça… Tu ne comprendras jamais… Personne, du reste, ne pourra comprendre…

H1 : Essaie toujours… Je ne suis pas si obtus…

H2 : Oh si… pour ça, tu l'es. Vous l'êtes tous, du reste.

H1 : Alors, chiche… on verra…

25 H2 : Eh bien… tu m'as dit il y a quelque temps… tu m'as dit… quand je me suis vanté de je ne sais plus quoi… de je ne sais plus quel succès… oui… dérisoire… quand je t'en ai parlé… tu m'as dit : « C'est bien… ça… »

H1 : Répète, je t'en prie… j'ai dû mal entendre.

30 H2, *prenant courage* : Tu m'as dit : « C'est bien… ça… » Juste avec ce suspens… cet accent…

H1 : Ce n'est pas vrai. Ça ne peut pas être ça… ce n'est pas possible…

H2 : Tu vois, je te l'avais bien dit… à quoi bon ?…

H1 : Non mais vraiment, ce n'est pas une plaisanterie ? Tu parles 35 sérieusement ?

H2 : Oui. Très. Très sérieusement.

H1 : Écoute, dis-moi si je rêve… si je me trompe… Tu m'aurais fait part d'une réussite… quelle réussite d'ailleurs…

H2 : Oh peu importe… une réussite quelconque…

40 H1 : Et alors je t'aurais dit : « C'est bien, ça ? »

H2, *soupire* : Pas tout à fait ainsi… Il y avait entre « C'est bien » et « ça » un intervalle plus grand : « C'est biiien… ça… » Un accent mis sur « bien »… un étirement : « biiien… » et un suspens avant que « ça » arrive… ce n'est pas sans importance.

45 H1 : Et ça… oui, c'est le cas de le dire… ce « ça » précédé d'un suspens t'a poussé à rompre…

Sujets d'écrit | 179

CORPUS ET SUJETS DU BAC

H2 : Oh… à rompre… non, je n'ai pas rompu… enfin pas pour de
bon… juste un petit éloignement.

H1 : C'était pourtant une si belle occasion de laisser tomber, de ne
50 plus jamais revoir un ami de toujours… un frère… Je me demande
ce qui t'a retenu…

Nathalie Sarraute, *Pour un oui ou pour un non*, Gallimard, 1982. Tous les
droits d'auteur de ce texte sont réservés. Sauf autorisation, toute utilisation
de celui-ci autre que la consultation individuelle et privée est interdite.

Sujets du bac

➥ **Question**

Vous montrerez comment ces dialogues de théâtre parviennent à faire
comprendre la difficulté de l'aveu.

➥ **Commentaire**

Vous ferez le commentaire du texte de Victor Hugo (texte B).

➥ **Dissertation**

Au théâtre, les personnages ne se révèlent-ils que par la parole ?
Vous répondrez à cette question dans un développement structuré, en
vous appuyant sur les textes du corpus, sur les textes et représentations
étudiés en cours, et sur vos connaissances et lectures personnelles.

➥ **Sujet d'invention**

Écrivez une scène de déclaration pour le théâtre qui montre la difficulté
qu'il y a à exprimer un sentiment, avouer une faute, expliquer une décision, etc.

180 | Spécial bac

2 Sujets d'oral

SUJET 1

TEXTE : Scène 6 de l'acte IV (v. 1218 à 1260, pp. 99 à 101)

PHÈDRE
1   Œnone, qui l'eût cru? j'avais une rivale.

ŒNONE
     Comment?

PHÈDRE
               Hippolyte aime, et je n'en puis douter.
     Ce farouche ennemi qu'on ne pouvait dompter,
     Qu'offensait le respect, qu'importunait la plainte,
5   Ce tigre, que jamais je n'abordais sans crainte,
     Soumis, apprivoisé, reconnaît un vainqueur :
     Aricie a trouvé le chemin de son cœur.

ŒNONE
     Aricie?

PHÈDRE
               Ah! douleur non encore éprouvée!
     À quel nouveau tourment je me suis réservée!
10   Tout ce que j'ai souffert, mes craintes, mes transports,
     La fureur de mes feux, l'horreur de mes remords,
     Et d'un refus cruel l'insupportable injure,
     N'était qu'un faible essai du tourment que j'endure.
     Ils s'aiment! Par quel charme ont-ils trompé mes yeux?
15   Comment se sont-ils vus? Depuis quand? Dans quels lieux?
     Tu le savais. Pourquoi me laissais-tu séduire?
     De leur furtive ardeur ne pouvais-tu m'instruire?
     Les a-t-on vus souvent se parler, se chercher?
     Dans le fond des forêts allaient-ils se cacher?
20   Hélas! ils se voyaient avec pleine licence.
     Le ciel de leurs soupirs approuvait l'innocence;
     Ils suivaient sans remords leur penchant amoureux,
     Tous les jours se levaient clairs et sereins pour eux.

Sujets d'oral 181

CORPUS ET SUJETS DU BAC

> Et moi, triste rebut de la nature entière,
>
> 25   Je me cachais au jour, je fuyais la lumière.
>
> La mort est le seul dieu que j'osais implorer.
>
> J'attendais le moment où j'allais expirer ;
>
> Me nourrissant de fiel, de larmes abreuvée,
>
> Encor dans mon malheur de trop près observée,
>
> 30   Je n'osais dans mes pleurs me noyer à loisir ;
>
> Je goûtais en tremblant ce funeste plaisir ;
>
> Et, sous un front serein déguisant mes alarmes,
>
> Il fallait bien souvent me priver de mes larmes.

Œnone

> Quel fruit recevront-ils de leurs vaines amours ?
>
> 35   Ils ne se verront plus.

Phèdre

>   Ils s'aimeront toujours.
>
> Au moment que je parle, ah ! mortelle pensée !
>
> Ils bravent la fureur d'une amante insensée.
>
> Malgré ce même exil qui va les écarter,
>
> Ils font mille serments de ne se point quitter.
>
> 40   Non, je ne puis souffrir un bonheur qui m'outrage ;
>
> Œnone, prends pitié de ma jalouse rage.
>
> Il faut perdre Aricie ; il faut de mon époux
>
> Contre un sang odieux réveiller le courroux.

I – Première partie de l'épreuve

➡ **Lecture à voix haute**

❚ Cette lecture peut être faite avant l'exposé ou après l'introduction.

❚ Faites sentir les deux voix qui parlent en différenciant leurs tonalités.

❚ Respectez la ponctuation : les phrases longues forment des enjambements d'un vers à l'autre ; il faut donc conserver la fluidité de la phrase en ne marquant pas de pause en fin de vers.

❚ Prononcez le e muet en fin de mot devant une consonne en milieu de vers (*« mille serments »*), mais pas devant une voyelle où il s'élide (*« farouche ennemi »*) ni en fin de vers (*« plainte »*, *« alarmes »*).

182 | Spécial bac

SUJET 1

● Respectez la diérèse (diphtongue séparée en 2 syllabes) pour *« odieux »* *« o-di-eux »*) : c'est ici le comptage des syllabes de l'alexandrin qui vous indique qu'il faut le faire.

● Mettez en relief l'émotion de Phèdre à travers le rythme et l'expressivité des vers.

● Marquez les ruptures entre les différents moments de la tirade : *« Ils s'aiment »* (v. 14), *« Et moi »* (v. 24)...

➡ **Exposé**

Comment la jalousie tragique se manifeste-t-elle dans cet extrait ?

BÂTIR UN PLAN EN RÉPONSE À LA QUESTION

• La question porte sur les manifestations de la jalousie. On peut se demander pourquoi l'amour d'Hippolyte pour Aricie rend Phèdre si jalouse, comment s'expriment sa douleur, sa jalousie et son désir de vengeance, puis comment se met en place la rupture entre Phèdre et sa confidente.

Introduction

▌ Présentation de l'auteur et de la pièce.

▌ Situation et présentation de la scène : Phèdre vient d'apprendre qu'Aricie est sa rivale et elle renonce par jalousie à défendre Hippolyte contre Thésée, qui a déjà réclamé la mort de son fils à Neptune. Elle retrouve ici sa confidente Œnone, qui l'a poussée à avouer son amour à Hyppolyte et a elle-même calomnié ce dernier auprès de Thésée. Phèdre exprime d'abord sa souffrance provoquée par la jalousie, puis son désir de vengeance.

▌ Spécificité du genre : extrait de scène présentant une tirade de Phèdre et le début d'une autre, encadrés par un échange de répliques avec Œnone.

▌ Rappel de la question posée.

▌ Annonce et justification du plan adopté pour la réponse.

1. La métamorphose du *« farouche Hippolyte »*

A. Évocation du passé du *« farouche Hippolyte »*, de cet ennemi que Phèdre n'a pas su dompter (champ lexical de la guerre, temps imparfait).
B. Amour imprévisible d'Hippolyte pour Aricie (champ lexical de la défaite, temps présent et passé composé).

2. L'expression pathétique de la souffrance de Phèdre

A. Des plaintes et des interrogations incohérentes et saccadées.
B. Le désir de vengeance : l'appel à un nouveau soutien d'Œnone (*« Prends pitié »*...).

Sujets d'oral | **183**

CORPUS ET SUJETS DU BAC

C. La comparaison entre le bonheur d'un couple et l'amour malheureux de Phèdre (opposition des pronoms personnels, des champs lexicaux de l'ombre et de la lumière).

3. Le début de la rupture de Phèdre avec Œnone et de son isolement

A. Phèdre reproche à Œnone de lui avoir dissimulé les amours d'Hippolyte et Aricie.

B. Interruption brutale qui marque son refus d'adopter le point de vue d'Œnone banalisant l'amour des deux amants.

Conclusion

▶ Bilan de l'étude.

▶ Pour élargir la conclusion, vous pouvez évoquer la transformation de la jalousie en culpabilité dans la suite de la scène et annoncer comment la rupture avec Œnone se précipite lorsque la nourrice considère comme une « *faiblesse naturelle* » ce que Phèdre nomme « *crime* ». Le retournement de Phèdre la conduit alors du rejet d'Œnone jusqu'à l'aveu final et au suicide, après la mort d'Hippolyte.

II – Seconde partie de l'épreuve

➡ **Questions possibles à partir de la conclusion du (de la) candidat(e)**

▶ De quels crimes Phèdre se sent-elle coupable ? Vis-à-vis de qui ?

▶ À quelle scène de rejet précédente cette scène fait-elle écho ?

▶ Montrez l'évolution du rôle d'Œnone depuis le début de la pièce. Que lui reproche Phèdre ?

▶ Connaissez-vous une autre tragédie de Racine où le confident joue un rôle néfaste ?

➡ **Autres questions possibles au fil de l'entretien**

▶ En quoi le spectateur en sait-il plus que Phèdre dans cette scène ?

▶ Dans quelle mesure peut-on dire que Phèdre se retrouve désormais seule ?

▶ Quelle est l'importance de l'ombre et de la lumière dans la généalogie de Phèdre ?

▶ Montrez en quoi il s'agit de la première scène du dénouement tragique classique (rapide et complet).

▶ Connaissez-vous d'autres tragédies de Racine où la jalousie joue un rôle déterminant ?

SUJET 2

TEXTE : Scène 7 de l'acte V (v. 1617 à 1644, pp. 123-124)

PHÈDRE

1   Non, Thésée, il faut rompre un injuste silence :
Il faut à votre fils rendre son innocence.
Il n'était point coupable.

THÉSÉE

                 Ah ! père infortuné !
Et c'est sur votre foi que je l'ai condamné !
5   Cruelle, pensez-vous être assez excusée…

PHÈDRE

    Les moments me sont chers ; écoutez-moi, Thésée :
C'est moi qui sur ce fils chaste et respectueux
Osai jeter un œil profane, incestueux.
Le ciel mit dans mon sein une flamme funeste ;
10   La détestable Œnone a conduit tout le reste.
Elle a craint qu'Hippolyte, instruit de ma fureur,
Ne découvrît un feu qui lui faisait horreur.
La perfide, abusant de ma faiblesse extrême,
S'est hâtée à vos yeux de l'accuser lui-même.
15   Elle s'en est punie, et, fuyant mon courroux,
A cherché dans les flots un supplice trop doux.
Le fer aurait déjà tranché ma destinée ;
Mais je laissais gémir la vertu soupçonnée.
J'ai voulu, devant vous exposant mes remords,
20   Par un chemin plus lent descendre chez les morts.
J'ai pris, j'ai fait couler dans mes brûlantes veines
Un poison que Médée apporta dans Athènes.
Déjà jusqu'à mon cœur le venin parvenu
Dans ce cœur expirant jette un froid inconnu ;
25   Déjà je ne vois plus qu'à travers un nuage
Et le ciel et l'époux que ma présence outrage ;
Et la mort, à mes yeux dérobant la clarté,
Rend au jour, qu'ils souillaient, toute sa pureté.

Sujets d'oral | 185

CORPUS ET SUJETS DU BAC

I – Première partie de l'épreuve

➡ **Lecture à voix haute**

▶ Cette lecture peut être faite avant l'exposé ou après l'introduction.

▶ Distinguez les deux voix qui parlent en différenciant leurs tonalités.

▶ Respectez la ponctuation, notamment les enjambements d'un vers sur l'autre dans les phrases longues : il faut, dans ce cas, conserver la fluidité de la phrase en ne marquant pas de pause en fin de vers.

▶ Mettez en relief l'émotion tragique de Phèdre à travers le rythme et l'expressivité des vers.

▶ Marquez la rupture de ton entre les deux moments de la tirade : la confession et l'agonie finales.

➡ **Exposé**

En quoi la confession finale et la mort de Phèdre constituent-elles un dénouement « nécessaire, rapide et complet » de tragédie classique, tout en provoquant la terreur et la pitié ?

· ·

BÂTIR UN PLAN EN RÉPONSE À LA QUESTION

• Examinez les différentes attentes de la question. La question porte sur les caractéristiques de cette ultime confession de Phèdre, sur ses registres et l'effet produit sur le spectateur, et sur les composantes du dénouement de cette tragédie classique.

Introduction

▶ Présentation de l'auteur et de la pièce.

▶ Situation et présentation de la scène : à la scène précédente, Thésée a appris de Théramène la mort de son fils Hippolyte tué par un monstre marin. En voyant entrer Phèdre, il se laisse aller à son désespoir, tout en lui redisant sa confiance dans sa parole.

▶ Spécificité du genre : extrait de la scène de dénouement présentant un échange de deux répliques, suivi d'une tirade de confession.

▶ Rappel de la question posée.

▶ Annonce et justification du plan adopté pour la réponse.

1. La confession ambiguë de Phèdre

A. L'aveu urgent de sa culpabilité et le plaidoyer pour Hippolyte.

B. Une défense basée sur la fatalité familiale et le rejet de la faute sur Œnone.

186 | Spécial bac

SUJET 2

2. Un dénouement tragique qui inspire terreur et pitié

A. Le choix libre de son jugement et de sa mort par suicide (verbes de décision et d'action).

B. La mise en scène de sa propre mort (champ lexical de la mort, phases du processus de l'agonie).

C. La solitude de l'agonie : la descente chez les morts, et l'éloignement des vivants et de la lumière.

3. Un dénouement classique « nécessaire, rapide et complet »

A. Un dénouement rapide de l'intrigue, et l'accomplissement du destin tragique de chacun en 3 scènes.

B. Le châtiment nécessaire de Phèdre : purification de la souillure et retour à l'ordre par la mort.

C. Le suicide par le poison (contrairement aux morts violentes d'Euripide et Sénèque) permet de respecter la règle de bienséance et d'offrir une scène de réparation.

Conclusion

▶ Bilan de l'étude.

▶ On peut annoncer la réparation de l'injustice commise par Thésée et le retour à l'ordre par l'adoption d'Aricie.

▶ On peut souligner le fait que le rôle de la *« détestable »* Œnone, considérée par Racine (préface) comme ayant des sentiments *« plus serviles »*, permet de rendre Phèdre *« moins odieuse »* à la fin.

II – Seconde partie de l'épreuve

➡ **Questions possibles à partir de la conclusion du (de la) candidat(e)**

▶ Pour quelles raisons Aricie a-t-elle droit à une réparation et à une adoption ?

▶ Quels ont été les deux aveux précédents de Phèdre ? À qui ?

▶ Quelles sont les erreurs successives de Thésée ? De quoi est-il châtié à la fin ?

▶ Pensez-vous qu'Œnone mérite un traitement aussi brutal ?

➡ **Autres questions possibles au fil de l'entretien**

▶ Quel est l'intérêt du rapprochement entre Phèdre et Médée ?

▶ Quel est le rôle symbolique de l'ombre et de la lumière pour Phèdre ?

▶ Connaissez-vous d'autres pièces de théâtre mettant en scène la mort ?

Sujets d'oral | 187

CORPUS ET SUJETS DU BAC

➡ **Si une photographie est mentionnée dans votre descriptif**

❚ En quoi cette photographie de mise en scène (document 5 de couverture) illustre-t-elle la scène du dénouement?

❚ En vous appuyant sur l'attitude de Phèdre, dites de quel moment de la scène il s'agit. Comment interprétez-vous l'attitude de Thésée?

❚ Quelles remarques la scénographie vous inspire-t-elle (objets, costumes, cercles de lumière)?

◗ Crédits photographiques

couverture : Elsa Lepoivre (Phèdre) et Pierre Niney (Hippolyte), mise en scène de Michael Marmarinos à la Comédie-Française en 2013, © photo Pascal Victor/ArtComPress. **pp. 4, 6** : © photos Photothèque Hachette. **p. 8** : Rosenwald Collection, © photo Courtesy of National Gallery of Art. **pp. 9, 10, 11, 16, 17, 22, 36** : © photos Photothèque Hachette. **p. 40** : © photo Pascal Victor/ArtComPress. **pp. 46, 47** : © photos Photothèque Hachette. **p. 59** : Widener Collection, © photo Courtesy of National Gallery of Art. **p. 64** : © photo Photothèque Hachette. **p. 66** : © photo Pascal Victor/ArtComPress. **pp. 70, 71, 81, 85** : © photos Photothèque Hachette. **p. 95** : © photo Pascal Victor/ArtComPress. **pp. 104, 105, 113** : © photos Photothèque Hachette. **p. 116** : Widener Collection, © photo Courtesy of National Gallery of Art. **p. 121** : © photo Pascal Victor/ArtComPress. **pp. 128, 129, 136, 155, 156, 158, 160, 162, 164, 166, 167, 168** : © photos Photothèque Hachette.

Conception graphique
Couverture : Mélissa Chalot
Intérieur : GRAPH'in-folio

Édition
Fabrice Pinel

Mise en pages
APS

Achevé d'imprimer en Italie par Rotolito S.p.A.
Dépôt légal : Janvier 2019 - Edition : 02
35/5898/6

Dans la même collection :

Anthologie et collectif
Fables
et autres apologues (12)

Le biographique (24)

Nouvelles naturalistes
des *Soirées de Médan*
[Zola, Maupassant,
Huysmans] (40)

APOLLINAIRE
Alcools (60)

BALZAC
La Peau de chagrin (26)

Le Père Goriot (56)

BARBUSSE
Le Feu – Bac pro (66)

BAUDELAIRE
Les Fleurs du Mal (10)

BEAUMARCHAIS
Le Barbier de Séville (17)

Le Mariage de Figaro (5)

CHATEAUBRIAND
Atala – René (42)

CORNEILLE
Le Cid (36)

L'Illusion comique (19)

DETAMBEL
Des gens heureux
– Bac pro (65)

DUMAS
Les Mille et
Un Fantômes (32)

ECHENOZ
14 – Bac pro (67)

14 (69)

FLAUBERT
Madame Bovary (52)

Trois Contes (20)

GAUTIER
Contes et Récit
fantastiques (43)

HUGO
Claude Gueux (38)

Pauca meæ (Livre IV
des *Contemplations*) (73)

Le Dernier Jour
d'un condamné (31)

Le Dernier Jour d'un
condamné – Bac pro (62)

Hernani (44)

Les Misérables (28)

Ruy Blas (6)

JARRY
Ubu Roi (45)

LA BRUYÈRE
Les Caractères (29)

LACLOS
Les Liaisons
dangereuses (51)

LAFAYETTE (MME DE)
La Princesse de Clèves (49)

La Princesse
de Montpensier (74)

LA FONTAINE
Fables (livres VII à IX) (76)

MARIVAUX
La Colonie – Bac pro (68)

La Double Inconstance (46)

L'Île des esclaves (13)

Le Jeu de l'amour
et du hasard (16)

MAUPASSANT
Bel-Ami (47)

Boule de suif – Mademoiselle
Fifi – Bac pro (72)

Contes parisiens, normands
et fantastiques (34)

Pierre et Jean (11)

Une vie (53)

MOLIÈRE
Dom Juan (2)

L'École des femmes (64)

Les Femmes savantes (33)

Le Misanthrope (27)

Les Précieuses ridicules (30)

Le Tartuffe (4)

MONTAIGNE
Essais (22)

MONTESQUIEU
Lettres persanes (61)

MUSSET
Les Caprices
de Marianne (41)

Lorenzaccio (23)

On ne badine pas
avec l'amour (14)

OLMI
Numéro Six – Bac pro (70)

Abbé PRÉVOST
Manon Lescaut (58)

RABELAIS
Pantagruel – Gargantua (7)

RACINE
Andromaque (35)

Bérénice (15)

Britannicus (18)

Phèdre (8)

RADIGUET
Le Diable au corps (21)

RIMBAUD
Une saison en enfer
et autres poèmes (37)

Poésies (75)

ROSTAND
Cyrano de Bergerac (50)

ROUSSEAU
Les Confessions,
livres I à IV (3)

SAGAN
Bonjour tristesse
– Bac pro (71)

SHAKESPEARE
Hamlet (9)

STENDHAL
Le Rouge et le Noir (54)

VOLTAIRE
Candide ou l'Optimisme (1)

Candide ou l'Optimisme
– Bac pro (59)

L'Ingénu (39)

La Princesse de Babylone
– Micromégas (48)

Zadig ou la Destinée (25)

ZOLA
Celle qui m'aime
et autres nouvelles (57)

L'Assommoir (55)

Thérèse Raquin (63)